中央大学社会科学研究所研究叢書……13

体制移行期チェコの雇用と労働

石川晃弘 編著

中央大学出版部

は し が き

　ソ連ブロックに属していた「東欧」で社会主義体制が崩壊してから15年が経った。この間に「東欧」は，歴史と文化と経済水準を異にする「中欧」と「東南欧」に分化し，前者に属する国々は2004年5月にEU加盟を果たした。チェコはその一つである。

　チェコはポーランド，スロヴァキア，ハンガリーという他の中欧諸国にくらべて社会主義体制以前にすでに一定の工業化を遂げ，高い生活水準と進んだ民主主義体制を実現していた。そして社会主義体制に入ってからはソ連ブロックの中での工業発展の推進役を担った。当時チェコはスロヴァキアと合体して「チェコスロヴァキア」という国家を構成していたが，社会主義体制崩壊後3年ほど経った1993年1月にスロヴァキアと分離し，それ以降「チェコ共和国」として発展している。

　隣国のハンガリーとポーランドはすでに社会主義体制の時代から西側経済との交流を深め，市場経済の導入を積極的に試みていたが，チェコスロヴァキアは西側に対する門戸を厳しく制限しつづけ，社会主義体制崩壊後も外国資本の進出に対して慎重な姿勢をとりつづけていた。こうした事情から日本の企業もチェコやスロヴァキアへの投資を躊躇していた。しかし1990年代末になってチェコ政府の政策は大きく転換し，積極的な外資導入策が講じられるようになった。これに促されて日系企業のチェコ進出はにわかに活発になり，2000年代になると日本からの年間の投資額と投資件数はポーランドやハンガリーを上回り，日本からの投資先としてチェコは中欧諸国の中でトップの座を占めるにいたった。

　このように歴史的に工業の伝統がありしかも日系企業の進出が顕著になっているにもかかわらず，日本におけるチェコ情報はまだかなり乏しい。クラシック音楽の作曲家ドヴォジャーク（ドヴォルザーク）やスメタナ，アールヌーヴ

ォーの画家ムハ（ミュシャ）らの名前は日本人の間でもよく知られており，また観光地としてのプラハの人気も高まっているが，この国で人々がどのような社会と組織の中で労働生活を営んでいるか，どんな労働観と生活観を持って生きているのかという点になると，知る日本人は稀有のようだ。このような知識と情報の空白を社会学的実証研究によって幾分でも埋めようという意図から，本書は編纂された。

　本書のベースをなす研究は2000年4月から2002年3月までの2年間のプロジェクト「体制転換後における中欧の雇用問題と労使関係：チェコ共和国を中心に」（日本学術振興会・日欧科学協力事業）である。このプロジェクトへの参加者は中央大学文学部教授石川晃弘（代表者），同川崎嘉元，チェコ共和国科学アカデミー付属社会学研究所副所長ズデナ・マンスフェルドヴァー（Zdena Mansfeldová：チェコ側代表者），カレル大学哲学部社会学科助教授イジー・ブリアーネク（Jiří Buriánek），同講師リヒャルド・ルージチカ（Richard Růžička），同大学社会科学部講師パヴェル・クハーシュ（Pavel Kuchař）であり，本書を編纂するにあたってチェコ共和国労働厚生研究所前所長オト・セドラーチェク（Oto Sedláček）と同研究所前研究顧問ヤロスラフ・クックス（Jaroslav Kux）が執筆に加わった。チェコ人執筆者の原稿はすべて石川が邦訳した。

　この研究を日本側で準備したのは中央大学社会科学研究所の研究チーム「民衆文化と社会形成」であり，研究成果の中間発表は同研究所主催のシンポジウム（2002年2月）で行われた。

　現地調査にあたってご協力くださった諸機関・諸組織の方々にここで感謝の意を表するとともに，本書の刊行が日本におけるチェコの，さらには中欧の社会・経営・労働に関する理解の広がりと研究の深まりに幾分なりとも役立つことを，執筆者一同に代わって願うものである。

　また，本書の刊行に協力して下さった中央大学出版部の平山勝基氏と松尾あずさ氏にもお礼を述べたい。

2004年10月

編　者

目　　次

はしがき

第1章　概　　説　　　　　　　　　　石川　晃弘
1．本書の対象と視点……………………………………… 1
2．歴史的背景……………………………………………… 2
3．社会主義体制下の経営と労働………………………… 4
4．体制移行の過程………………………………………… 6
5．本書の構成……………………………………………… 7

第2章　体制転換後の経済変動　　ヤロスラフ・クックス
1．変革初期の体制転換政策と制度改革………………… 11
2．経済社会発展の段階区分……………………………… 12
3．総　　括………………………………………………… 18

第3章　雇用変動と失業実態　　オト・セドラーチェク
1．問題の提起……………………………………………… 21
2．地域類型と雇用変動…………………………………… 23
3．失業者の構成と生活実態……………………………… 26
4．生活構造と就労動機…………………………………… 27
5．総　　括………………………………………………… 29

第4章　就業構造の変化と階層移動　パヴェル・クハーシュ
1．就業構造の水平的変化………………………………… 31
2．就業構造の垂直的変化………………………………… 35
3．企業規模の変化と雇用者分布………………………… 40
4．総　　括………………………………………………… 43

第5章　価値志向と労働観　　　イジー・ブリアーネク

1．本章の課題と方法……………………………………………45
2．社会的・一般的価値と政治志向……………………………46
3．個別的価値の選好度とその達成可能性……………………50
4．生活戦略における価値選択…………………………………55
5．仕事関連の価値………………………………………………59
6．総　　括………………………………………………………62

第6章　労働組合の組織と機能　　　リヒャルド・ルージチカ

1．本章の課題……………………………………………………67
2．組織率の低下と世論の評価…………………………………67
3．労働者利害を代表する者……………………………………71
4．労使紛争の状況………………………………………………76
5．労働組合と政治志向…………………………………………79
6．総　　括………………………………………………………82

第7章　移行期の雇用行政　　　川崎　嘉元

1．本章の課題……………………………………………………85
2．新しい雇用行政………………………………………………86
3．労働事務所の設置とその活動………………………………91
4．労働事務所の事例観察………………………………………94
5．総　　括………………………………………………………105

第8章　政労使協議の制度化とその実際

　　　　　　　　　　　　　　ズデナ・マンスフェルドヴァー

1．本章の課題……………………………………………………107
2．三者協議制の成立とその構成………………………………108
3．協議内容とその変化…………………………………………112
4．一般協定の内容とその変化…………………………………116

5．政府の態度……………………………………………118
6．日本との比較……………………………………………119
7．総　　括………………………………………………124

第9章　チェコ産業における日系企業の人事労務
石川　晃弘

1．本章の課題……………………………………………129
2．前提的考察……………………………………………130
3．現業労働者の労働と意識——日チェコ比較 ……………132
4．日系企業の人事労務……………………………………142
5．総　　括………………………………………………147

第1章 概　　説

石　川　晃　弘

1. 本書の対象と視点

　1989年に起こった中欧・東欧における社会主義体制の崩壊は，その後の数年間，激しいインフレと物価騰貴，実質賃金の顕著な低下，リストラと失業の増加など，人々の生活環境を著しく悪化させた。そしてこの混乱状況を克服して新体制の構築を目指す中で理論的・政策的な模範とされたのは，「競争」と「淘汰」の論理を根本に据えた新自由主義の経済モデルであった。しかしこの論理が展開しだすとともにその一方で「合意」と「調整」の論理が社会の中で作動し，それが体制移行期における社会の再組織化を支えたことにも，注目する必要がある。これら二つの群の論理が拮抗しつつ相互浸透していく過程が，社会主義から資本主義への移行期を分析する際の，不可欠な研究課題をなすといわなければならない。

　ところで本書の対象地域はチェコであり，研究の関心は社会主義崩壊後における雇用と労働の状況にある。チェコは中欧・東欧諸国の中で体制移行を比較的スムーズに進めた国である。

　まず，体制転換後，他の中欧・東欧諸国では高い失業率が記録されたが，チェコの失業率は抜群に低く，4－5％の水準で推移した。西欧をも含めたヨーロッパ諸国の中で，当時のチェコの失業率の低さはルクセンブルグに次いで第2位であった。失業率の低さは，人々を労働を通じて変動期の社会に参加させたことを意味する。

また，労働争議もほとんど起こらなかった。隣国ポーランドではストライキが頻発し，ハンガリーでは年間十数件のストが起こっていたが，チェコとスロヴァキアではほぼ皆無の状態が続き，1990年－96年の間における1,000人当りのストによる労働損失日数はアメリカ44日，ドイツ17日，日本2日に対して，チェコはゼロ日だった（石川・田島（編）1999：190）。これはチェコ社会が体制移行の変動期にあっても協調関係を維持してきたことを意味する。

さらに，チェコでは国民の多数が体制転換を肯定的に受けとめていた。1993年7月の国際世論調査によると（石川1993：101），転換後の政治システムをチェコ国民の7割が肯定的に評価していたが，この数字はスロヴェニア国民とともに中欧・東欧で最大だった（ちなみにハンガリーは4割）。転換後の経済に関しても，インフレや実質賃金低下の中にあってもチェコ国民の55％，つまり過半数はそれを肯定的に受容した（ハンガリーでは29％）。

すくなくともこの三つ，つまり失業率（参加）と争議（協調）と国民の評価（受容）という尺度でみるかぎり，チェコは他の国々に比して体制移行を社会的に成功裏に進めた国といってよい。そしてその要因として，「合意」と「調整」の論理を作動させた政策的・社会的メカニズムがあったにちがいない。そのメカニズムを雇用と労働の面で追究すること，これが本書の基本的問題意識をなす。

2. 歴史的背景

まずこの国の特徴を産業と労働の面から概観することから始める。

チェコは1948年の共産党支配の成立から1989年のその崩壊までの約40年間，ソ連ブロックを意味した「東欧」の一地域に数えられていた。しかしそれ以前の歴史を振り返ると，工業活動の伝統と経済発展の高さの点でチェコは他の「東欧」諸国に対して顕著な違いをみせていた。

チェコ特にその西半分のボヘミア地方は，オーストリア・ハンガリー帝国の領土の一部だった19世紀第4四半期にはすでにヨーロッパ有数の工業地域の一

つをなし，帝国全体の工業生産の4分の3を担っていた。第1次世界大戦後にはチェコは後進地域スロヴァキアと合体して「チェコスロヴァキア」という国となったが，1920年代末の国民経済指標によると，この国の経済水準は多めに見積もって世界で第10位，厳密に計算しても当時の先進諸国の間でノルウエーやフィンランドやオーストリアと並んで中間的な位置を占めていた（Machonin 2000：108-109）。

　工業のこのような発達は早くからチェコの地に熟練技能を持つ労働者層を形成した。またこの地域では18世紀にすでに「読み・書き・計算」を2年間（長くて3年間）教える庶民学校への通学が国民に義務付けられ，19世紀後半には識字率はきわめて高い水準に達していた。さらに20世紀に入ってからの産業の展開は，技術者層や管理者層を増大させた。工業化の進展と成熟は中間レベルの技能と知識を持つ人材を大量に必要とし，そのような人材を核とした中間層を社会の中で増大させ定着させたのである。彼らは工業技術に適合した職業的技能を備えていただけでなく，合理主義的な思考様式と生活態度，さらには市民的政治感覚を身につけていた。

　このような社会層の発達のもとで，チェコ社会には19世紀から市民社会的諸関係が培われていた。人々がそれぞれの関心に基づいて自発的に結社を作り，それによって共通の関心を充足させていくという，民衆自身の自主的な活動の伝統が，この社会に築かれていた。つまり，国家から自立した市民社会が人々の間で形成され，ボランティア精神がそこで育てられた。

　こうした社会的背景を持った独立国チェコスロヴァキアが第1次大戦終焉の1918年に打ち立てられた。それ以前のこの地域のエリート層は主としてオーストリア人の，あるいはオーストリア化したチェコ人の，貴族階級であった。独立によってこの層は払拭され，それに代わってエリートとして登場してきたのは庶民層の出身者であった。それゆえ政治的にも文化的にもエリートと庶民の格差は小さく，国民的合意が形成されやすい土壌ができていた。独立後にこの国が採用した政治制度は，当時のヨーロッパの中で，ワイマール期のドイツとともに最も民主主義的な性格を備えていた。工業の発展と労働者階級の成長，

そして市民社会の発達のもとで，19世紀後半には労働運動の発展と社会主義思想の普及がみられ，チェコスロヴァキアとして独立してからは政治的民主主義と思想・文化の自由を背景に，社会民主党や共産党も合法政党として一定の社会的支持を獲得していた。またこの国は，女性の参政権を最も早く制度化した国の一つでもある。

チェコ人はこのような工業発展と経済力，豊かで良質な人材，市民社会と民主主義という自国の伝統を，限りなく誇りとしている。そしてそれが第2次大戦後に社会主義体制樹立によって大きく損なわれたことを，遺憾としている。1968年に社会主義体制を根本的に改革しようという運動が起こったとき，彼らはこれを「再生運動」とよび，かつてのよき時代の伝統を今の世に蘇生させることを夢見た。1989年に社会主義体制を崩壊させた「ビロード革命」のときも，新体制の建設において人々を突き動かした動機の底には，「誇るに足る自国の伝統」の意識があったといっていいだろう。

3. 社会主義体制下の経営と労働

チェコ人は1948年から1989年までの長期間，共産党支配による社会主義体制を経験した。とりわけ社会主義時代のチェコスロヴァキアは，当時の「東欧」諸国の中で最も「社会主義的」であった。社会主義体制下のこの約40年にわたる時代は，簡単には払拭できない刻印をチェコの社会に残した。そしてそれは社会主義体制崩壊後の新しい時代になっても根強く残存し，新体制下の社会と生活の中で一定の機能を担っている。社会主義観のステレオタイプから離れて経営と労働の現場をみるならば，次のような状況があったことを指摘しておく必要がある。

第1に，社会主義体制下の企業は国家所有で，国家経済計画に基づいて政府が上から課してくるノルマを企業の現場で達成することが経営者の任務であった。そのノルマの達成状況は政府と共産党からの経営者に対する評価を決めることになるばかりでなく，企業の福利厚生の水準やボーナス・手当の額にも影

響した。そのため経営者も労働者も対政府の関係で利害を共有しあえた。両者はいわば「同じ穴の狢」の関係にあった。

　第2に，労働者の権利が手厚く保護され，雇用も100％保障されていたため，労働者は国からの恩恵に慣れ，失業の心配もなくマイペースで労働生活を営んでいた。それに影響されて職場の労働規律はかなり弛緩していた。しかも社会主義経済特有の「慢性的労働力不足」のもとで経営者は労働者の確保に腐心せねばならなかった。こうした事情と「労働者階級が主人公」という社会主義イデオロギーとに拘束されて，経営者は労働者に対して強い態度に出られなかった。しかも経営者・管理者の多くは長期勤続の内部昇進者で占められ，労働者との間に大きな社会的な溝はなかった。経営者・管理者のほとんど全員は共産党員であって，それゆえに非党員の労働者から疎んじられ，また実際，党員ゆえに一定の特権を享受できる立場にはあったが，彼らと労働者との間の給与格差は小さく，生活水準や生活様式の点でも両者間に大きな差はできていなかった。

　第3に，労働組合の基礎組織は企業レベルに置かれ，経営者から末端の労働者までそのメンバーであった。基本賃金は政府レベルで決定されるため，企業レベルでの労使交渉の余地はなかったが，利潤の一部が割り当てられる福利厚生基金の使途については，労使の交渉がありえた。また，社宅の割当て，保養施設の管理，社員旅行の企画と実施，劇場のチケットや生活物資の廉価配布，家族レクリエーション行事の開催など，福利厚生活動は労働組合の主な役割であった。したがって労働者の眼からみた労働組合は，いわば企業内の福利厚生団体であり，経営に対する交渉団体というよりもむしろその補佐機関であった。経営と組合の関係は協調的であった。組合役員がのちに経営幹部に「昇進」することも珍しくなかった。こうした事情から労働者の経営と組合に対する帰属意識は対立的なものではなく，両者に同時に帰属意識を抱くという「二重帰属意識」か，両者から同時に離反するという「二重離反意識」かに分化した。

　チェコはかつて政治的にも経済的にも文化的にも先進国だったという意識，

そしてその先進性が共産党支配下で台無しにされたという解釈がチェコ人の間で広く共有され，共産党とその党員を嫌悪する民衆感情が根深く形成されていた。しかし企業内の日常的な労働生活の場では労使間で持たれ合いと馴れ合いの関係が支配していた。

4. 体制移行の過程

　こうした状況の中で形成された企業内の労使慣行は，社会主義崩壊後の体制移行期に多かれ少なかれ引き継がれ，体制転換に伴う社会コストを抑えて新体制へのソフトランディングにむしろ一定の寄与をなしたといえる。体制転換に際して企業では大掛かりなリストラと人員削減が行われたが，経営者は一方的な解雇策をとらず，希望退職の募集や退職金の上乗せなどで労働者の生活に配慮した処置をとり，その決定にあたっては労働組合との協議を踏まえた。労働組合は企業の実情を踏まえながら，労働者に不利のないように経営側との交渉に臨んだ。企業内で労使関係が紛糾することはほとんどなかった。移行期における労働争議はチェコにおいてはごく稀にしか起こらなかった。体制転換期の流動的な企業環境の中で営まれたこのような労使関係は，一定の修正を伴いながら新体制下の労使関係の基本的枠組を構成している。
　体制移行を平和裏に実現した労使関係上のもう一つの要因は，ナショナルレベルにある。
　新体制成立後ただちに政府は労働厚生大臣ミラン・ホラーレクのイニシアティブで労働組合全国団体と使用者団体に声をかけて三者構成協議会を発足させた。当時の体制転換期における議会制民主主義の未成熟の状況下で，この三者構成協議会は社会各方面の利害を調整集約して，経済政策と社会政策の策定において社会的合意形成を築き上げる重要な役割を果たした。これは体制移行を平和裏に進める，マクロレベルの舞台となった。この制度は今日にも引き継がれている。
　さらに体制の平和的移行を可能にした要因は，地域レベルにも見いだされね

ばならない。新政府は体制転換後間もなく郡レベル（県と町村の中間レベル）に労働事務所を設けて「能動的労働政策」に乗り出した。これは企業のリストラから生ずる失業者に対して単に給付金を出して生活を保障するというのではなく，産業構造と技術進歩に対応した新しい職業技能の習得機会を失業者に提供して，労働市場の新状況に適応させていくことを狙った政策であった。これによって労働力の再訓練とその産業間・職種間移動が円滑化され，失業率は低位にとどまった。

　国有企業の私有化と合理化は大量の雇用削減を伴ったが，その一方で急速に生成した私的中小企業がその受け皿として大きな役割を果たした（Ishikawa (ed.) 2003）。社会主義時代に隣国のポーランドやハンガリーでは私的小企業の活動が制度的に保障されていたが，チェコスロヴァキアでは生産手段が高度に国有化・集団化されていて，私的小企業の存在はごく例外的なものでしかなかった。それだけに社会主義崩壊後におけるその急速な生成と発展の余地は特別に大きかった。特にチェコではドイツと長い国境線を共有しているため，新生の中小企業はドイツ企業との関係で発展の可能性をつかむことができた。

　もう一つ付記しなければならないのは，移行期における社会保障制度の機能である。他の中欧諸国にも共通することであるが（平野 2004），体制転換後の政府は急激な経済改革を実行したが，その一方で年金制度，医療制度など，社会主義時代の社会保障制度をひきつづき機能させた。これが移行期の生活危機を緩和し，社会の安定化に大きく寄与した。社会保障制度の改革と社会保険制度の導入が行われるようになるのは，私有化が一定程度進み市場経済がそれなりに作動するようになってからのことである。

5. 本書の構成

　体制転換による直接的な影響がインフレや実質賃金の低下など経済と社会にネガティブな形で現れたのは，特に1990年から1994年までの5年間であった。この時期を移行経済の第1期と呼ぶとすれば，それに続く第2期の5年間には

国内生産が伸び，高い経済成長率を記録した。それとともに雇用も増えだした。やがて1990年代末には一時的な不況が現れたが，その後の経済政策の転換，すなわち私有化と経済改革の徹底化，「引き締め」政策から「成長促進」政策への転換，それに関連して外資誘致策の積極化で，新たな成長の局面を迎えることとなった。本書の第2章（クックス論文）はこうした体制転換後の経済変動を概観し，それに続く第3章（セドラーチェク論文）は雇用変動と失業問題に迫る。

体制転換後のこのような経済変動と雇用変動を経る過程で，就業構造にも大きな変化が生じた。社会主義時代には就業者の多数を占めていた工業労働者が顕著に減り，第3次産業従事者が多数を占めるようになった。また，社会の階層構成もいちじるしく変わった。下に示す表にみるように，社会主義時代には存在しなかった企業家や自営業者が社会の中で一定の層をなすようになり，また，ホワイトカラー層が増えたのに対して現業労働者層は減少した。体制転換はチェコ社会に新しい社会分化をもたらしながら，それを急速に工業社会から脱工業社会へと導いたということができる。第4章（クハーシュ論文）はこの点を詳しく分析する。また，経済変動は不可避的に生活変動を随伴し，人々の生活戦略と価値志向にも変化を迫ることになり，しかも新たな社会分化の進行はその価値志向を多様化させている。その実相を第5章（ブリアーネク論文）は政

表 1-1 階層構成の変化（%）

	1988年	1992年	1999年
企業主・雇用主	-	2.4	4.6
経営者・高級職員	9.5	9.6	10.7
自営業者	-	7.3	9.1
管理者・中級職員（監督者も含む）	18.9	16.7	20.2
一般職員（事務労働者など）	9.5	9.4	12.2
熟練技能労働者	23.8	18.8	18.9
不熟練・半熟練労働者（農作業者を含む）	38.3	35.8	24.3

出典：Machonin et al. 2001：36.

治意識や労働観との絡みで明らかにする。

　社会主義から資本主義に社会と経済が大転換する中で，労働組合の性格も根本的に変わらざるをえなかった。労働組合は市場経済の中で労働者の雇用と生活を守る交渉団体への転身の道を模索しつつ，その一方で組織率の低下に歯止めを掛けえないでいる。その労働組合の動態について，第6章（ルージチカ論文）が分析を展開する。

　体制転換に伴ない社会が分化し利害が多様化してくるのを見通して，それが社会紛争を導くのを未然に防止し移行期の社会コストを最小化することを狙って，チェコでは社会的合意形成の場がナショナルレベルで設けられた。政労使三者協議会がそれである。それの形成過程と現実の機能については第8章（マンスフェルドヴァー論文）で詳しく述べられる。また，ナショナルレベルでの政労使協議会の設置と並行して，政府は雇用対策として地方レベルに労働事務所を設置し，積極的雇用政策を展開した。そのもとで行われてきた雇用行政を第7章（川崎論文）が概観する。

　やがて体制移行が一定程度進行した1990年代末，チェコ政府は外資に対する政策を転換して，積極的な誘致策をとりだした。それに呼応して外国企業のチェコへの直接投資がにわかに活発化した。それはチェコ国内での雇用拡大に大きく寄与しているが，同時に経営・技術・労働の近代化をもたらしている。日本企業のチェコ進出も顕著になった。こうした事情を背景に，本書の第9章（石川論文）では労働生活におけるチェコと日本の異同を比較観察によって追究し，さらにチェコ進出日系企業の人事管理と労使関係の特徴を浮かび上がらせる。

　以上のような章立てで本書は構成される。

参 考 文 献

石川晃弘　1983『職場の中の社会主義』青木書店。
石川晃弘　1991「東欧は過去の社会主義から何を引き継ぐべきか―労使関係の一断面の分析から―」『労働研究所報』（東京都立労働研究所）No.12。

石川晃弘 1993「東欧社会の統合と労使関係」『公明』12月号。

石川晃弘 1995「中・東欧の労使関係―その変容と現状―」『日本労働研究雑誌』420。

石川晃弘 1998「現代市民社会と労使関係意識の変容―『二重帰属意識』をめぐる国際意識調査から―」青井和夫・高橋徹,庄司興吉(編)『現代市民社会とアイデンティティ』梓出版社。

石川晃弘・田島博実(編) 1999『変わる組織と職業生活』学文社。

石川晃弘(編) 1999『チェコとスロバキアの労使関係―体制転換期におけるその展望―』日本労働研究機構(資料シリーズ No. 93)。

平野寛弥 2004「移行期中欧の社会保障制度の特徴と意義」『社会福祉研究』1。

Ishikawa, A. (ed.), 2003, *Small and Medium-sized Enterprises in Central Europe : An Overview*, Sasakawa Peace Foundation.

Janata, Z., 1998, "Formation of a New Pattern of Industrial Relations and Workers' Views on Their Unions : The Czech Case", in : Martin, R., Ishikawa, A., Mako, Cs. and Consoli, F. (eds.), *Workers, Firms and Unions : Industrial Relations in Tradition*, Frankfurt : Peter Lang.

Machonin, P., 2000, "Modernization Theory and The Czech Experience", in : Mlcoch, L., Machonin, P. and Sojka, M. (eds.), *Economic and Social Changes in Czech Society after1989*, Prague : The Karolium Press.

Machonin, P. *et al*., 2001, "Strukturální změny v postsocialistické České republice a aktuální vyzvy modernizace", in : Adamski, W., Machonin, P. and Zapf, W. (eds.), *Transformace a modernizační vyzvy*, Prague : Sociologicky ústav Akademie věd České republiky.

第2章 体制転換後の経済変動

ヤロスラフ・クックス

1. 変革初期の体制転換政策と制度改革

　概括していうと，1990年（当時チェコはスロヴァキアと連邦国家をなしていて，チェコ共和国として独立するのは1993年1月1日である）以降のチェコにおける経済変革の第1段階は，外国貿易の門戸開放などラディカルな自由化と迅速な私有化に重点を置いた，いわゆるショック療法の適用によって特徴づけられる。変革のこの第1歩は，しかし，規制的な財政政策によって進められた。中央管理経済から市場経済への移行は，国際的承認も受けながら，迅速にスタートした。チェコ共和国は当時しばしば，他の移行諸国（旧東欧・旧ソ連）にとっての見本ないし成功例として紹介された。この時期に経済の最優先課題は体制変革を推し進めて早急に経済成長を蘇らすことに置かれたが，それは国民生活に否定的な結果を伴わざるをえなかった（物価の急騰，実質賃金の大幅な低下）。この当時国民はこのような生活水準の低下を変革過程の不可避的な負担とみなして，それをほぼ甘受した。それゆえ変革のこの第1段階は深刻な社会紛争を経ずに推移した。そして経済成長が蘇り経済のさらなる発展軌道が整うにしたがって，しだいに変革政策の内容も変化してきた。まず厳しい規制政策の緩和，その後には反インフレ措置の強化，さらに経済不況期に入ってからは「成長促進」措置の導入，などである。

　体制転換過程の初期を特徴づけたのは何よりもまず根本的な制度変革であった。第1に実施されたのはほぼ完全な価格の自由化であった。もっとも，家

賃，光熱費，交通運賃，医療保健費など，幾つかの分野では国家が価格を統制しつづけた。しかしその後にいたってこれらの価格もしだいに統制を解かれていった。同時に実施されたのは労働市場の自由化，賃金規制の部分的緩和（一時的に一定の方式で賃金上昇にたいする中央統制がなされた），外国貿易の自由化（以前これは国家独占だった），国内での外貨交換制の自由化（のちには当座資本勘定を例外として変動相場制になった）。税制や社会保障も西側の水準に近づけるべく整備された。それとともに新しい諸機関・諸制度も打ち立てられた。

体制転換の骨子をなしたのは迅速な私有化であった。最初はいわゆる小規模私有化（小規模事業所をチェコ人企業家に売却ないし賃貸する）から始まり，その後にいわゆる大規模私有化が行われた。後者には外国投資家による参加や，後に議論の的となった所謂クーポン方式による私有化も含まれた。チェコ共和国はポーランドやハンガリーとともに外国資本の流入，特に外国直接投資の主な対象国となった。

2. 経済社会発展の段階区分

簡潔にまとめれば，体制転換後におけるチェコ共和国の経済社会発展は四つの時期に段階区分できる。第1期は1990年－93年で，国内総生産が極度に低下し，それとともに生活条件も悪化した。これに続く第2期は1994年－96年で，経済成長はしだいに復活し，生活条件も改善され，特にこの期の後半には国内総生産は未曾有の高成長を記録した。しかし第3期の1997年－99年にはまた経済不況に陥った。だが第4期の2000年－01年には景気は回復し，ふたたび経済成長が遂げられた。

第1期（1990年－93年）の特徴は，経済の深刻な落ち込みにある（表 2-1 参照）。これをもたらしたのは，一つにはソ連と他の社会主義諸国の間で結ばれていたコメコン圏内での貿易の凋落と西側市場への参入の遅滞であり，また一つには国民の購買力の低下による国内需要の著しい停滞であった。この時期の

表 2-1　改革初期の経済指標：凋落・停滞期（1990年－1993年）

指　標	単　位	1990年	1991年	1992年	1993年	93/89年(%)
国内総生産	対前年比	－1.2	－11.6	－0.5	0.1	－13
雇用者総数	千人	5,351	5,059	4,927	4,848	－10
失業率	％	0.8	2.6	3.1	3.0	X
インフレ率	％	9.7	56.6	11.1	20.8	130
生産性	対前年比	0.0	－6.5	2.2	1.7	－3
実質賃金	対前年比	－5.5	－26.3	10.3	3.7	－20
外国直接投資	10億米ドル	0.1	0.7	0.9	0.72	

(注)　1．国内総生産の価格は比較のため1995年の価格にあわせてある。
　　　2．データは次の機関の刊行物から得た。チェコ統計事務所，チェコ国立銀行，財務省，労働厚生省，労働厚生研究所。なお数値の加工は筆者の手による。
　　　3．後出の表についても同様である。

　国内総生産の低下率は13％で，この期の末までに緩やかな改善基調があったものの，雇用は約10％減少した。この減少分の約3分の1は失業者となった。失業はそれ以前にはこの国になかった現象である。この時期の末には登録失業者率は3％に達した。職を失った人々の多くは年金生活に入ったり専業主婦になったりして，労働市場から引退した。また一部は地下経済の中で働き始めた。それは外国での不法就労とか，国内での主としてサービス部門における非登録労働とかで，統計的には捕捉できない就労である。

　ほとんど完全な価格自由化の結果，この時期にはインフレが急激に進んだ。消費者物価は130％上昇し，特にそれは1991年に現れ，1年間で60％近くも高まった。それはまた実質賃金の著しい低下を伴った。この時期の最初の2年間で実質賃金は30％以上も低下した。この時期には外国直接投資は経済発展にとって実際ほとんど取るに足らない額しかなかった。それは4年間でわずか20億米ドルほどにしかならなかった。

　第2期（1994年－96年）は改革の中間期にあたり，比較的速いスピードで経済が活気を帯びてきた時期であり，国内総生産はこの3年間で13％の伸びをみ

せ，1995年と96年では年間 4 − 6 ％の成長を遂げた（表 2-2 参照）。これは大多数のヨーロッパ諸国を上回る成長率であった。そしてこの時期の末には国内総生産は1990年の水準に戻った。

　就労者数も就業構成の変化を伴いながらしだいに増え，毎年 1 − 3 ％の増加をみせた。第 1 次産業従事者（農林業）の構成比はこの時期の末ごろには1990年時点と比べて半分に減少し，第 2 次産業従事者（製造業・建設業）の割合も低下し，これに対して第 3 次産業従事者（商業・サービス業）の割合は顕著に増大して，50％を上回るにいたった。失業率はひきつづき 3 ％という比較的低水準にとどまったが，これには経済のリストラの遅れも影響している。国内総生産の伸びに比べて雇用の伸びがかなり小さかった結果，生産性の向上が記録され，第 1 期には 3 ％の低下だったのが第 2 期には 9 ％の伸びとなった。同時にインフレもしだいに収まり，年平均 9 ％となった（もっとも先進諸国にくらべるとまだかなり高いが）。この時期には——さらに次の時期にも——実質賃金の急速な上昇がみられ，約30％も上がった。生産性の伸びをはるかに上回るようにして実質賃金が急上昇したのは，ある程度，改革の第 1 期に実質賃金が大幅に落ち込んだことの反転である。ともあれ1990年時点と比較して第 2 期の末に記録された実質賃金の伸びは，すでにそれまでに達成されていた生産性の伸びを上回った。もっともこの頃には賃金も生産性も1990年時点の水準を越えていた。

　このような一般に良好な傾向が進む中で，同時に対外関係で不均衡が深まりだした。それは部分的には前述の実質賃金の急上昇によるが，同時にまた主要外国通貨に対するチェコ通貨の交換率を長期間固定させてきたことにもよる。諸外国よりも明らかに高いインフレのもとで，この固定相場制は事実上，チェコ通貨の力を国民経済の実態にみあわない水準に置いた。その結果輸入が輸出をかなり上回ることとなり，貿易収支は悪化しつづけ，赤字はこの時期の末まで増えつづけて年間1,500億コルナ（約60億米ドル相当）を超える莫大な額にのぼった。この時期の最終年には支払残高は当座勘定で40億米ドルに達した。これは国内総生産のほぼ 7 ％に該当する。当座勘定のこのような膨大な残高は，すでに国民経済を危機にさらしているといえる。

表 2-2　改革中期の経済指標：成長開始期（1994年－1996年）

指　標	単　位	1994年	1995年	1996年	96/93年(％)
国内総生産	対前年比	2.2	5.9	4.3	13
雇用者総数	千人	4,885	5,012	5,044	4
失 業 率	％	3.3	3.0	3.1	X
インフレ率	％	10.0	9.1	8.8	30
生 産 性	対前年比	1.4	3.3	3.6	9
実 質 賃 金	対前年比	7.7	8.6	8.8	27
貿 易 収 支	10億コルナ	－39.6	－99.6	－153.0	290
支払残高(当座勘定)	10億米ドル	－0.8	－1.4	－4.1	410
外国直接投資	10億米ドル	0.9	2.6	1.4	5 x)

（注）　x)　当該期間の投資総額。

　この時期に負債総額は先行する時期にくらべて約20％増大し，国内総生産の約40％にのぼった。生産および雇用の伸びとインフレの沈静という比較的良好な国内経済の発展の陰で，対外関係における重大な経済的財政的問題が発生し深化してきた。外国直接投資の経済発展効果はある程度あったものの，概してかなり小さいままであった（この時期の3年間における外国直接投資は50億米ドルにもいたらなかった）。

　第3期（1997年－99年）を特徴づけるのは経済不況である（表 2-3 参照）。経済改革がいちばん問題をはらんだ時期であり，この時期の経済成長の逆転についてはっきりした原因を突き止めるのはむずかしい。国内総生産はこの時期に毎年1％前後低下し，雇用は毎年2－3％減少し，失業率はしだいに増えて8.5％に達した。インフレは1988年に11％も上がったが，翌年には極度に下がり，わずか2％にとどまった。1998年を例外として生産性向上を上回る賃金の上昇が続き，この時期の最終年には賃金上昇が生産性向上をほぼ3倍も上回った。

　この時期におけるおそらく唯一のポジティブな要素は貿易収支の赤字の減少

表 2-3 改革後期の経済指標：不況期（1997年－1999年）

指 標	単位	1997年	1998年	1999年	99/96(%)年
国内総生産	対前年比	-0.8	-1.2	-0.4	-2.5
雇用者総数	千人	4,947	4,883	4,760	-6
失 業 率	％	4.4	6.0	8.5	X
インフレ率	％	8.5	10.7	2.1	23
生 産 性	対前年比	1.2	0.1	2.2	3.5
実 質 賃 金	対前年比	1.9	-1.2	6.1	7
貿 易 収 支	10億コルナ	-150.4	-80.3	-64.4	-60
支払残高(当座勘定)	10億米ドル	-3.6	-1.4	-1.6	-60
国 家 財 政	10億コルナ	-15.7	-29.3	-29.6	X
外国直接投資	10億米ドル	1.3	2.7	6.3	10 x)

（注） x) 当該期間の投資総額。

であり，1999年には640億コルナにまで下がり，当座勘定の支払残高も1996年時点の3分の1近くまで減少し，20億米ドルを下回るようになった。しかし他面では膨大な負債総額（国内総生産の40％以上に相当）は改善されず，国家財政はしだいに赤字を増し，その額はこの時期の後半の2年間，各年300億コルナ（10万米ドル弱）にのぼり，国内総生産の約1.5％に相当した。

　国内総生産の異常な急成長を伴ったあの経済発展が，なぜ急激に転換して不況の時期に入ったのか。原因は当然いろいろあるが，一つには長期的性格の原因があり，また一つには政策からきたものもある。主な長期的原因の一つは私有化を必ずしもうまく進めえなかったことにある。たしかにかなりのスピードで新しい所有形態を導入することができたが，多くの場合その私有化はただ形式だけのものにとどまり，必要な経済の構造改革は必ずしも達せられなかった。この時期の大半は外国直接投資が停滞したままで，1999年になってやっと60億米ドルを上回る程度になった。この時期の経済の失敗には疑いなくいくつかの短期的要因も絡んでいる。なかでも明らかなのは，経済の「引締め」策といえるような，顕著な財政・金融規制措置である。

第4期(2000年-01年)は改革の最終期で、経済成長がふたたび蘇った(表2-4参照)。これには大規模な私有化措置(とくに金融部門における)などの「成長促進」策と、外資誘致策が効を奏した。この2年間だけで100億米ドルほどの外国資本が新たに投資され、それにともなって新規雇用が創出され、その後雇用拡大効果が高まった。この2年間に国内総生産は各年3.0-3.5％の増加を遂げた。しかし2000年時点では雇用そのものの減少傾向は継続した(対前年比マイナス2％)。その一因は引き続く経済のリストラの結果にあり、失業率は9％になった。だが2001年になると事態は改善に向かい、雇用はわずかながら増え、失業率も少し低下した。生産性と実質賃金の関係は2000年には改善に向かったが、2001年にはまた実質賃金の伸びが生産性の向上をやや上回った。1999年には沈静傾向をみせたインフレはまた昂進し、年間4-5％の上昇となった。

1998年から99年にかけてある程度改善されてきた貿易収支の赤字幅も、2000年-01年にはまた急増し、年間1,200億コルナ(30億米ドル強)にのぼった。当座勘定の支払残高もやや増えて27-28億米ドルになった。これは国内総生産の

表 2-4　現段階の経済指標：成長再生期(2000年-2001年)

指　標	単　位	2000年	2001年	01/99年(％)	01/90年(％)
国内総生産	対前年比	2.9	3.6	6.5	3.5
雇用者総数	千人	4,664	4,677	-2	-13
失 業 率	％	9.0	8.5	X	X
インフレ率	％	3.9	4.7	9	270
生 産 性	対前年比	5.0	3.3	8.5	20
実 質 賃 金	対前年比	2.5	3.6	6	22
貿 易 収 支	10億コルナ	-120.8	-119.0	85	X
支払残高(当座勘定)	10億米ドル	-2.8	-2.7	70	X
国 家 財 政	10億コルナ	-46.1	-67.7	130	X
外国直接投資	10億米ドル	5.0	4.9	10x)	27 x)

(注)　x)　当該期間の投資総額。

5％前後に相当する。負債総額もかなり高いままであり（国内総生産の40％以上），国家財政の赤字は顕著に増えて2000年には460億コルナ，2001年には680億コルナになり，国内総生産の3％を超すようになった。

3. 総　　括

経済改革下の1990年－2001年における社会経済発展の総過程を要約する。

(1) 1990年－2001年の全期間を通して，一定の経済変動をへながらも**国内総生産**は向上し，3.5％増となった。たしかにそれは増大したが，他面ではそれが根本的な構造変動（いまなお未完だが）と結びついていた点を，みなくてはいけない。一方では不必要で非効率的な生産が廃止され，他方では経済の現実的要請，輸出と国民消費の拡大に向けた生産が指向されるようになった。国民1人当り国内総生産で測ると国民経済の発展水準はまだ相対的に低く，スロヴェニア以外の移行経済諸国（旧東欧・旧ソ連）の水準よりは高いものの，EUおよびOECD諸国の水準の60％強にしか達していない。しかし人間開発の点ではチェコは高い水準にあり，人間開発指標（Human Development Index）を用い，平均寿命と教育水準を計算に入れると，チェコ共和国は世界で第1五分位の最高グループの国に入る（UNDP 1999）。

(2) この全期間を通して，改革と構造変動の経過の中で**雇用はほぼ13％減少**した（70万人以上の減）。これはかなりの程度，生産効率の向上に向けたリストラ措置の結果である。第3次産業従事者の比率は60％に近づいているが，それでもまだ先進諸国と比べると低水準にある。改革の初期には年金生活に入る人や専業主婦になる人が増えたために就業者は減り，同時に失業者が増えだしたが，その数は40万人ほどであった。しかし最近の失業率はかなり高まっており，約9％に達している。

(3) 国内総生産がわずかながら増加し，雇用がかなり減少する中で，**労働生産性**はこの全期間を通して20％上昇したが，**実質賃金**の伸びの方がそれを

上回り，22％の上昇をみせた。その差はわずかだとしても，国民経済に影を落とし，負債総額は増大した。生産性と賃金の望ましい関係を打ち立てるために，チェコ共和国政府とヨーロッパ経済健全化委員会との間で共同採択された文書の中で，今後の賃金上昇は生産性上昇の3分の2以内に抑えるべき旨が明記されている (Joint Assessment of the Economic Policy Priorities of the Czech Republic 1999)。

(4) だいたい1990年代中葉から対外関係の不均衡が深まった。**貿易収支**は年間1,000億から1,500億コルナの赤字を出し，**当座勘定支払残高**も同時に増加して1996年－97年には約40億米ドルに達し，国内総生産のおよそ7％を占めるまでになった。近年その赤字幅はいくぶん改善されて30億米ドル以下になったが，まだ対外不均衡は続いている。

(5) 同時にしだいに国内の不均衡も表面化し，財政赤字が拡大した。**国家財政**の赤字は1990年代末からしだいに増大し，年間約300億コルナだったのが2001年には700億コルナ近くに増えた。これは国内総生産の3％以上にあたる。また**負債総額**は高水準のまま改善されず，国内総生産の40％を上回っている。

(6) **外国直接投資**は改革当初の時期にはごくわずかしかなかったが，近年になって顕著に増えだした。1999年－2001年の間にチェコに投資された外国資本は年間50－60億米ドルにのぼる。1990年－2001年の全期間を通して外国資本の投資額はすでに約300億米ドルになる。チェコはいま，外国資本の投資先として，移行経済諸国（旧東欧・旧ソ連）の中で最も重要な国の一つとなっている。

参 考 文 献

Joint Assessment of the Economic Policy Priorities of the Czech Republic, 1999, Brussels : EU.

UNDP, 1999, *Human Resource Development*, UNDP.

第3章　雇用変動と失業実態

オト・セドラーチェク

1．問題の提起

　1990年以降，他の旧社会主義諸国と同様にチェコ共和国でも失業が増加した。これは社会主義時代に過剰雇用を抱えていた諸産業がリストラを始めたからである。しかし1990年代の最初の6年間にはチェコの失業率は約3％にとどまっていて，チェコ共和国は当時ヨーロッパ諸国の中で失業率が最も低い国の一つであった。ところが1996年からそれが増大しだし，最近では9％を前後するくらいになり（図3-1参照），しかも5年以上継続する長期失業が増えてきた。
　都市と農村における失業発生頻度と失業期間の長さの違いは，一般に，当該地域の産業活動と人口規模によって影響されるが，5年以上継続の失業が多発しているのは主として人口が少ない村である。
　チェコ共和国には6,253の市町村があるが，そのうちの59.6％は人口500人未満の村である。これらの村にはたいてい技術的および社会的インフラが整えられており，学校，商店，診療所などがある。そこの住民の大多数は持家に住み，家畜を飼い，大きな庭を持ち，たいてい小農地を所有している。この農地は社会主義時代も家族の誰かが集団農場の一員を兼ねて自家用に耕作していた土地である。現在ではこれら住民は村内で雇用者として，あるいは自作農として，あるいは再編された集団農場のメンバーとして，あるいは近隣都市への通勤者として就業している。しかし長距離通勤は好まない。彼らは自分の庭や畑

図 3-1 失業率の推移

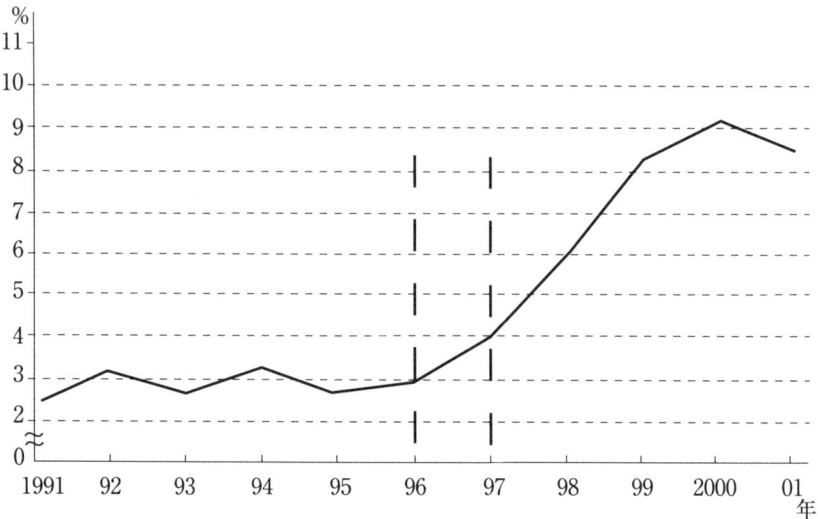

で自家用や個人販売用に食料を生産しており、長距離通勤ではそのための時間がなくなるからである。食料品の個人販売はふだんの家計を充たしており、その収入はしばしば勤務先からの賃金を上回っている。

　半農半工は19世紀に支配的だった就業形態である。当時チェコはオーストリア・ハンガリー帝国の工業基地をなしていた。工業化が始まった地方では小農民たちが工業に雇用されだした。その一部は農業を捨てて都市に移ったが、多くは自分の農地と家にとどまりながら工業労働にも従事した。(チェコでは今日でも土地と住居への結びつきが強く、就業のために地域移動することは顕著でないが、これは住宅事情の悪さだけによるものではない。) ここから半農半工という特殊な型の就業者が立ち現れた。彼らには特別な呼び方がなされ、農業に従事しながら金属工業に通うものは「金属農民」(kovorolníky)、石炭採掘をしながら金属工業に通うものは「金属鉱夫」(kovohorníky) と呼ばれた。いまでもたとえば中部ボヘミアのクラドノや南ボヘミアのストラコニッツェあたりでは、こうした呼称が使われている。

　半農半工という就業形態には利点があった。経済不況や一時的失業の発生の

際，小さな町村では農作業から家族の重要な食材がもたらされ，また農産物の一部は金銭に替えてその他の生活物資の購入に当てることができた。このような小さな町村に5年以上にもおよぶ長期失業が存在しているとすると，次のような問いが提起されてくる。再私有化で農地が人々に戻ってくると，このような伝統がまた蘇ってくるのか，そうだとするとどんな形態でか。さらにこのような農作業に身を置きながら失業手当および社会給付に頼ることにより，人々は意図的に長期失業に身を置こうとしないだろうか。

　社会学的調査から得られた知見をもとに，以下の節でこれらの問への答を探っていく。

2. 地域類型と雇用変動

　われわれはチェコ国内から経済活動の構成と類型を異にする三つの地域をとりあげ，2001年夏時点で5年以上にわたっている長期失業に関して社会学的分析を行った。分析対象とした地域は次の三つの郡（県と町村の中間にある行政単位）である。

　第1は典型的な工業地域である。この郡には八つの工業地区があり，郡内の住民の大多数はそこで雇用されていた。ここではリストラが大きな動揺もなく推移した。

　第2は工業と農業がほぼ同じくらいの比重を持つ地域である。ここではかつて過剰雇用を抱える食品工業と農業生産が主な経済活動だったが，それが崩されて現在にいたっており，リストラの過程でかなりの失業が発生したが，それは短期失業という特徴をとっている。

　第3は伝統的な農業地域である。ここでは人々の技能水準が低く，雇用変動への適応と技能の再取得がうまく進んでいない。したがってこの地域では長期失業が発生している。

　これら三つの郡には人口500人未満の村が172あり，人口はこれらの郡の定住人口全体の16.2％を占める。構造変革が始まった1990年当時，これら三つの郡

の経済活動人口は172,609人であった。その後10年の間に実質的な変化が進み，経済活動人口は9.6%減少し，就業者の中で最も多くなったのはサービス従事者と小零細規模の私企業家であった。1990年と2000年の間におけるこれら

表 3-1 就業分野の変化

就業分野	1990年	2000年	増減
総 数（人）	172,609	156,039	－16,570
工　　業	36.1%	17.8%	－18.3
建 設 業	8.6	3.0	－5.6
農　　業	17.1	5.1	－12.0
教　　育	6.1	5.1	－1.0
医療・保健	4.3	4.9	0.6
商・サービス	27.8	64.1	36.3
合　　計	100.0	100.0	

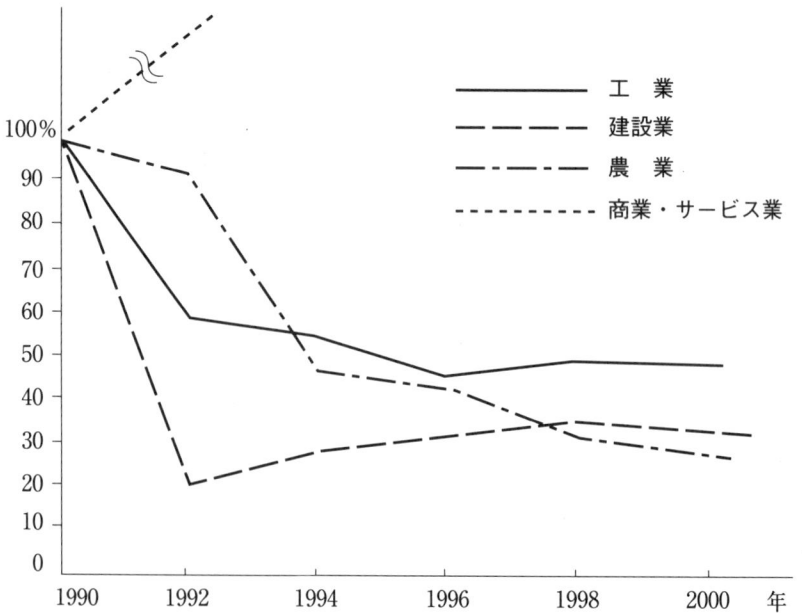

図 3-2 就業人口構成の推移

表 3-2 失業期間別にみた失業者の比率（%）

郡	6ヶ月未満	1年未満	3年未満	5年未満	5年以上	合　計
工業地域	37.6	17.1	16.2	8.3	20.8	100.0
混合地域	46.4	13.1	5.1	7.8	27.6	100.0
農業地域	18.3	17.6	7.1	12.1	44.9	100.0
平　均	34.1	15.9	9.5	9.4	31.1	100.0

　三つの郡全体の主な就業分野の変遷を示すと，表 3-1 のようになる。
　この変化をさらに年次別に表すと，図 3-2 のようになる。
　これらのデータが示すように，当該地域での就業者数は10年間の経済変革下で減少したが，それは主として工業，特に食品工業と，再私有化で集団農場の所有構造が変化した農業とでの就業者減によるものである。
　人口の減少も問題である。これらの地域の縁辺部では小零細企業の生成にもかかわらず5年を超す長期失業が多数登録されている。そこは交通の便の悪さもあって新しい仕事を見つけにくく，そこにある村々は例外なく経済の事業体が衰退し，失業率は労働可能人口の20%を上回っている。
　他方，サービス部門での就労は増加している。それは主として小零細な商業活動である。この事実は住民の柔軟な労働適応を示している。この分野での就業増はチェコ全体の動向と一致している。チェコでは1990年以降私企業がふたたび可能となり，多くの市民が雇用の場を去って小規模の私企業を開業した。構造変革のために雇用の場を失った人達も同様である。それゆえに1996年初頭までは，大規模な変革のもとでも失業率は非常に低かった。しかしそれ以降になると失業率はかなり増大し，しかも失業期間が長期化してきた。調査対象3地域の失業者を失業期間の長さから示すと，表 3-2 にみるような分布になる。
　この表から看取されるように，三つの地域のどこでも失業期間5年以上の登録失業者が住民の中でかなりの割合で存在している。特に農業地域では失業者の半数近くが失業期間5年以上にわたっており，短期失業者はわずか18.3%で

ある。ちなみにこの調査が行われたのは，一般に農業地域では失業率が低くなる季節であった。

3. 失業者の構成と生活実態

　三つの地域の登録求職者数は2001年第1四半期現在12,801人で，そのうち最も多いのは失業期間6ヵ月未満のものであり，失業者中に占める割合は34.1%である。次いで多いのは5年以上の長期失業者で，その数は3,982人，割合にして31.1%である。

　5年以上の長期失業者の内訳をみると，男性は38.6%で，女性が61.4%を占める。年齢別にみると30歳未満はわずか4%で，これに対して40歳以上が80%を占め，その80%の中の52%は50歳台である。中高年層が圧倒的に多い。教育水準は義務教育しか受けていない者が59%で過半数を占め，義務教育終了後に職業訓練所で技能習得した者は30%，中等教育機関（高校レベル）に進学した者はわずか12%で，長期失業者の多くは義務教育しか受けずにすぐに就職した人達であり，彼らが最初に就職した先は半数近くが農業で46%を占め，そこでは皆，不熟練の補助的労働に従事した。工業に就職したのは30%だが，そこでもたいていは不熟練職種に就いた。

　このように長期失業者は多数が50歳以上で，そのほとんどが初等教育修了のみの者（日本にあてはめると中卒）である。この人達は1956年から1970年の間に学校を卒業したが，その当時は一方では肉体労働には高賃金が支払われ，他方では初等教育が終わった子供はその素質に無関係になんらかの職業分野の訓練にまわされ，親は子供を進学させようと望んだら共産党の政治に同調しなければならなかった。

　このような賃金面での肉体労働優遇策と教育面での制限がなされていたため，初等教育修了者は15歳でただちに就職していく傾向が支配的であった。そしてその就職先での労働はほとんどが不熟練の重労働であった。これに対して精神労働に従事する者の賃金は抑制されていた。1967年に実施された社会経済

調査によれば，大卒の生涯賃金は15歳で就職した中卒にくらべて約100万コルナ分少ないという数字が出た。なおこの額は2002年時点での平均賃金の4.5倍にあたる。（ちなみに2003年夏の交換レートでは1コルナは約4円である―訳者）。

「国民経済の要請」の名のもとに若年者は特定の職種訓練に義務的に割り振られたが，その結果として不熟練労働者が増えてしまった。1968年に行われた訓練生の調査によれば，3年制の店頭販売訓練生のうち42%は2年次で辞めて就職してしまったり，他の職種に移ってしまったりしていた。このような人達は皆，現在，労働市場で仕事を見つけるのがきわめてむずかしい。特に農業地域での状況はたいへん厳しい。そこでは48歳から56歳の女性はほとんど初等教育しか受けていない。これらの女性はふだん自家労働にたずさわっている。しかしそれは女性に限られたことではない。長期失業者の87.9%は持家に住んで後背地を持ち，そこで豚や牛や鶏などの家畜を飼い，畑で作物を栽培し，果樹も植えている。

このような人達はさまざまな種類の寛大な社会給付制度に依存している。子沢山の家族の場合，この給付は安定した収入となっており，自家菜園で作った農産物からのささやかな販売収入を補完している。

こうした事情からこれらの人々は正規の職業に就きたがらない。彼らの大多数は公共事業の仕事も拒否している。そこでは基本給が最低賃金水準だからである。彼らに就労する気がないのは，自分の技能水準に照らしていくらの収入が欲しいのかという質問への答からも，明らかである。彼らは最低10,000コルナは欲しいといい，彼らの中の12%は14,000コルナも欲しいと答えている。この金額は2002年時点でのチェコ雇用者の平均賃金にほぼ等しい。

4. 生活構造と就労動機

このような人々を労働市場で活用するのは非常にむずかしい。彼らは雑多な仕事の経験があるだけでこれといった技能を持たず，労働事務所の訓練コースで技能を習得することなどにはほとんど関心を示さない。

彼らの大部分はかつて集団農場で働いていたが，それらの農場の多くは再私有化の結果活動をやめてしまったり，活動内容を縮小してしまった。

　彼らに仕事が見つかったとしても，それはたいてい不熟練職種の補助的作業で，その賃金はほぼ法定最低賃金の水準である。ちなみにチェコ共和国の法定最低賃金は2002年1月からは税込で5,700コルナであるが，この賃金で就労しているのは勤労者全体の2％にすぎない。最低賃金は手取りでは4,700コルナになる。これは無職の状態で国から支給される最低生活保護給付とほぼ同じ水準である。1人当り最低生活給付は4,100コルナであり，かりに15歳未満の子供が1人いれば，その家族は9,650コルナを受け取ることができる。

　このような寛大な社会給付制度があるため，長期失業者の大多数は労働市場に出たがらない。社会給付を受け，自家産の作物を少し売りに出し，農場や建設現場の臨時仕事で稼げば，正規に斡旋される就職口の賃金よりもかなり高い収入が得られるからである。

　近年，こうした状況の中で，チェコの労働市場に関して好ましからざる計算を凝らす外国企業がある。そのような外国企業は，とりわけ失業多発地域で，最低賃金の水準よりもほんのわずか高い賃金を提供しながら，ブルーカラー職種に就く者にも外国語能力を要求している。たとえば日本企業は労働者に英語能力を要求している。低賃金の提供と外国語能力の要請とを同時に充たそうとする結果，地方によっては失業者が多いにもかかわらず必要な労働力が不足するという事態が生じている。これは今日の就業問題の一面でもある。

　小さな町村の住民の多くは季節労働を優先する。それは特に農作業の都合と関係している。とりわけ女性の場合がそうで，彼女達は男性より求職に消極的で，その年齢は50歳前後で例外なく低技能者である。

　低技能や無技能だと新技術についていけないという基本的な問題があるが，労働市場で就職がなかなかうまくいかないのはそのためばかりではなく，交通の不便さという問題もある。工業地域の縁辺地区では交通網が整っておらず，特に交替勤務者の通勤には不便である。午後の勤務や夜間の勤務の場合，交通の便が悪く，あるいはまったくない。しかも交通費が高くなってきている。し

たがって交通費を考慮に入れると，就職した後の賃金は月10,000コルナから11,000コルナくらいないと割に合わないという計算になる。しかし当該地域でこれだけの賃金が得られるのは，ごく例外的である。

さらにまた，労働厚生省が差別禁止措置を打ち出しているにもかかわらず，若年者を優先雇用し，40歳以上，特に50歳以上の中高年者の採用に難色を示す企業（とりわけ外国企業）があり，これが労働市場の状況に一定の影響を及ぼしている。

以上で指摘した長期失業の社会的諸条件を顧慮するならば，求職過程でそれらが就職動機にネガティブに作用し，個人的素因とあいまって長期失業を生み出しているということができる。

5. 総　　　括

われわれはさきに「再私有化と社会給付がもたらす諸状況が長期的で意図的な失業現象の原因ではないだろうか」という問いを提起したが，以上の説明からこれに対する回答を一定程度引き出すことができよう。

答ははっきりしている。問題は人々が労働市場に適応できないでいるかどうかではなく，彼らが労働市場に出るのを欲しているかどうかにある。彼らの絶対的多数は自分自身で経済基盤を持っている。すなわち，持家に住み，家畜を飼い，果樹園やちょっとした畑を持ち，そこから得られる食料品を自家で消費したり多少売りに出したりしている。そして失業手当や社会給付が追加収入となって，最低生活の補完，住宅費や光熱費など世帯の必要費用に向けられている。とりわけ生産年齢が終わろうとしている世代の人々がそうである。しかし，ある程度楽観的な期待になるが，1990年以降の新しい社会の中で教育を受けた世代は，人口500人未満の小さな村でも，社会生活においても労働市場においてもその状態を改善していくと思われる。

もう一つの問い，すなわち「半農半工」は復活するかという問いにも，答えることができる。一定程度はそうだといえる。しかし今日の「半農半工」と昔

日のそれとではタイプが違う。かつての「半農半工」は工場労働で必要な生活費を稼いでいたが，いまのそれは意図的に長期失業に身を置き，社会給付を受けながら自家菜園からの作物を売ったり地下経済で働いたりして生活している。形態は同じ「半農半工」であっても，今日のそれは，かつて農業社会から工業社会への移行期に生きて地方産業の発展を担った人々の堅実な労働生活とは異なり，国家の福祉に依存しながら変動期の嵐の中をひっそりと生き残ろうとする，一つの生活のありかたを表現しているといえる。

第4章　就業構造の変化と階層移動

パヴェル・クハーシュ

1. 就業構造の水平的変化

　社会主義崩壊後におけるチェコ経済の構造変化は，その動態と深さからみて二つの時期に分けることができる。

　第1期は1989年から1992年−93年くらいまでの時期であり，この時期には経済が劇的に変動し，それは当然ながら就業構造の変化を伴った。このごく短い期間に農業従事者の数は急減し（約30万人），第2次産業従事者もそれほどではないがやはり減少し，その一方で第3次産業従事者の割合はかなり増大した（約20万人）。このような就業構造の変化は，それに続く時期の労働市場の変動に対して基本的な前提条件を形作ったといえる。

　しかしそれに続く第2期の変動は多くの点で第1期のそれとは異なる形状を呈した。第1期のような劇的変動は1990年代後半には継続されなかった。たしかに第1次産業従事者の減少と第3次産業従事者の増加という基本的変動傾向は続いたが，それは第1期ほどには顕著でなくなった。第2期の変動の特徴は，むしろ，産業内部における事業内容や職種の変化にあった。

　1990年代を通して共通してみられる特徴は，就業者総数の減少である（表 4-1参照）。1990年から1999年までの10年間に就業者は12％減少した。これはこの時代にチェコ経済がいかに深い変動を経たかを物語る。就業者の減少の原因は，一つには人口変動（経済活動人口の減少と非活動人口，とくに年金生活者の増加）に求められるが，もう一つは社会経済過程（とくに長期失業者の発生）にある。

表 4-1　1990年代における産業別就業者構成とその変化（%）

	1990年	1995年	1999年	1995／1990	1999／1995	1999／1990
第1次産業	15.3	8.1	6.6	49.5	76.1	37.7
第2次産業	41.9	39.6	39.3	88.7	92.9	82.4
第3次産業	42.8	52.3	54.1	114.4	96.9	110.8
合　計	100.0	100.0	100.0	93.7	93.6	87.7

（注）　右の欄の数値は実数に基づいて算出。
出典：Statistická ročenka ČR 2000.

　経済部門別にみると，どの業種にも多かれ少なかれ変化がみとめられる（表4-2 参照）。変化の全体像を描くために若干の補足データを示しておきたい。第1に，第1次産業における就業者減は，農業従事者の減少だけでなく鉱業従事者の減少の影響も受けている。第2に，工業従事者は全体として微減しているが，いくつかの部門では1990年代後半になって増加がみられる。たとえば1999年／1995年比で食品工業は125.9，縫製業は129.0，木工業は159.7，印刷業は136.4，ゴム工業は144.7の伸びをみせている。第3に，建設業の動態は通常，経済成長の主要指標とされているが，そこでも若干の就業者増がみとめられる。

　1990年代にはまた，第3次産業内部でも個々の部門で異なる変動がみられた。金融保険業は就業者全体の中に占める割合が少ないものの，その増加率は最も顕著であった。もっと注目すべきは商業サービス業における就業者の増加であり，運輸通信業の就業者は絶対数では減ったものの，構成比はほぼ同水準で推移した。行政および社会保障の就業者もかなり増えたが，この分野は異質な部門から成り立っていて，一方では新しい事務所が設立されて職員のポストが増え，他方では軍隊での就業が減っている。

　社会学的分析の際に業種別観察だと職業構造の水平的変動がよく捉えられない。同一業種の中で職種構成が多様だからである。それゆえ職種別分類からの

表 4-2　業種別就業者構成（％）

	1990年	1999年	1999／1990
農林漁業	11.8	5.2	44.1
工　業	37.9	33.0	87.1
うち：鉱　業	3.5	1.4	40.0
製造業	32.9	30.0	91.2
電気・ガス・水道	1.5	1.6	106.7
建 設 業	7.6	7.7	101.3
商業・自動車及び消費財修理	9.9	14.3	144.4
飲食業・宿泊業	1.6	3.4	212.5
運輸・倉庫・通信	6.9	7.3	105.8
金融・保険	0.5	1.9	380.0
不動産・家具等賃貸・対事業所サービス・研究開発	7.1	8.5	119.7
行政・国防・社会保障	1.8	3.8	211.1
教　育	5.9	6.4	108.5
医療保健	5.2	5.5	105.8
その他サービス	3.8	3.0	78.9
合　　計	100.0	100.0	87.7*

（注）　＊　1999：1990＝469.3万人：535.1万人。
出典：Statistická ročenka ČR 2000.

観察が必要になる。前掲の業種の中で建設業は71％が建設職で成り立っているが（その意味で職種構成がもっとも同質的な業種），農業の中では農業職に従事しているのはわずか54％である（職種構成がもっとも異質的な業種）。

このような分類に従って職種構成の変化をみると（表 4-3 参照），労働力が最も顕著に減少したのは農業職で，1999年にはその10年前に比べて半分になっている。冶金と採掘の職種も従事者がかなり減少した。機械・金属・電子技術の職種も従事者が約20％減となった。これに対して新規参入者が退出者を上回ったのは主に販売・営業職であり，そのほかには教育職および文化関連職であ

表 4-3 職種別就業者構成 (%)

	1999年	1988年 =100	参入	退出	周辺度数の差* (1999年－1988年)
農業・林業	3.1	50.8	12.3	40.7	－1.7
採掘・冶金・光熱	2.1	63.6	38.8	50.0	－0.5
機械・金属・電機	15.8	79.8	13.9	35.0	－5.3
その他の製造加工	10.6	92.2	39.8	37.8	＋0.3
建設	6.8	91.9	23.9	27.6	－0.3
運輸・通信	7.2	90.0	30.4	36.0	－0.7
商業	10.4	148.6	50.9	18.9	＋4.1
サービス	13.9	125.2	45.7	28.8	＋3.2
教育・文化・科学	9.7	136.6	28.0	25.3	＋0.3
医療・保健・福祉	4.9	104.3	9.7	15.2	－0.3
金融・会計	13.6	108.8	41.2	34.2	＋1.5
行政・法曹・軍事	1.8	120.0	46.9	51.4	－0.2

(注) ＊ 構造移動値の差。

る。なおわれわれがここで扱っているのは世代内職種移動のみであって，それゆえ1988年時点ですでに就職し1999年時点でも就業中の人達についてである。

1990年代に起こった職種構造の最大の変動は，国民経済の構造変革の必要からもたらされた。退出者が多かったのは主として重工業と農業に関連した職種だった。これに対して参入者が多かったのは，主に商業サービス業部門での空白を埋めるための職種，および新しく設立された国家機関（行政・法曹・軍事）の必要を満たすための職種であった。

職業移動の過程分析からみると，1990年代に職種の変化を経験した者は経済活動人口の3分の1 (32.6%) だった。そのうち構造移動（退出・参入，強制移動ともいう）が18.4%で，純粋移動(移動全体から構造移動を差し引いた分)は14.2%だった。1988年と1993年の間には移動全体が21.3%，そのうち構造移動は11.2%，純粋移動は10.1%だったことを顧みると，純粋移動が5割近くも増え

たことになり,1990年代全体を通して深い構造変動があったことがわかる。1988年から1999年の間に高い移動値が表れたのは主として機械・金属・電機関連の職種の従業者がかなり減ったからであり,これらの職種では構造移動が1988年－93年にはマイナス1.9％だったが,1988年－99年ではマイナス5.2％となっている。これに対して販売・営業職ではプラス0.8％からプラス4.2％へと増え,従業者数そのものが増加している。

2. 就業構造の垂直的変化

経済の構造変動は水平的変化（業種構成,職種構成）をもたらすだけでなく,垂直的変化（階層構成）をも伴う。近代化に随伴して労働の複雑度は高まり,教育水準と技能水準の高度化が必要とされる。その結果,社会の中の分化はいっそう深まる。こうした特徴をそなえた職業は通常（全部とはいえないにせよ）高い社会的地位を獲得し,高い収入を保証する。その半面で,労働の複雑度が低く,教育水準も技能水準も低い職業で働く人々がいる。業績主義を原理とする近代民主主義社会では,この二つの極の間の距離がますます拡大する。

この垂直的分化を具体的に測定してみる。方法的にはたとえば収入の高さとか管理上の地位とかは垂直的尺度に乗せやすいが,労働の特徴を総合的に測定するための尺度が構成される必要がある。

チェコでは（またポーランドでも）労働の複雑度を分類する方法が開発され,それが最初1967年の社会構造調査で使われ,のちに1990年代の調査で作り直された（詳しくはKuchař 1996）。これは創造性の程度,技能の高さ,独立度,複雑度,責任度という基準から専門家がすべての職業を評価した結果に基づく。それははじめ9段階評価（1＝もっとも単純な労働,9＝もっとも複雑な労働）で行われたが,一般に用いるために6段階評価とされた。本稿ではその6段階評価を使う。

表4-4は社会構造調査が行われた各年における,労働の複雑度からみた経済活動人口の分布を示している。このデータは30年以上の時間幅が含まれてい

表 4-4 労働の複雑度からみた経済活動人口の構成とその変化*(%)

労働の複雑度		1967年**	1984年	1993年	1999年
最高	6	0.3	6.1	9.0	10.4
	5	3.3	16.5	18.0	21.0
	4	16.0	24.7	16.1	16.8
	3	25.9	16.0	25.7	29.7
	2	35.3	16.5	21.6	18.6
最低	1	19.2	20.2	9.6	3.4

(注) *上記の4時点で労働の複雑度を測る方法は基本的には共通しているが、職業リストは年によって違いがある。1967年には当該調査の目的から作成した職業リストに拠っているが、1984年はJKZ分類、1993年と1999年はISCO1988年分類に拠っている。
＊＊1967年データには男性世帯主だけでなくその父親、息子、妻、娘も含まれている。
出典：Jungmann (1969), Data (1984), Data (1993), Data (1999).

るので、長期変動の基本的傾向を把握するのに十分であろう。

　この表から明らかに見てとれる主要傾向は、複雑度の高い上位2グループの割合の増加と、反対に複雑度の低い下位2グループの割合の減少である。1984年データを例外として（ここには前述の尺度構成の違いが影響していると思われるが）、中間レベルのグループもわずかながら増加している。新技術の導入に基づく近代化の流れは長期的にチェコ経済の構造に影響を与え、そしてさらに社会の職業構造に質的変化をもたらしたといえる。

　この変化は、1990年代に新たに労働市場に参入した人々と労働市場を去った人々のデータに、如実に表れている（表 4-5 参照）。新規参入者は主として新規学卒と1988年時点でまだ経済活動人口になっていなかった人々であり、退出者は退職したとか何らかのかたちで経済活動人口でなくなった人々である。比較のためまた1993年のデータもあげる。

　参入者と退出者の構成を比較すると、すでに1993年の時点で今日の変動傾向がはっきりと表れていることがわかる。労働の複雑度が上位の職業グループが新規参入者を引きつけ、下位の職業グループでは退出者の割合が高かったので

表 4-5 労働の複雑度からみた労働市場参入者および退出者の構成比(%)

労働の複雑度	参入者		退出者	
	1999年	1993年	1999年	1993年
最高　6	10.8	11.2	3.3	6.8
5	23.2	17.6	16.8	16.2
4	17.0	15.3	14.4	13.5
3	30.1	20.4	28.5	22.5
2	17.3	25.9	28.5	25.9
最低　1	1.6	9.6	8.6	15.1

ある。労働市場に新規参入する者は教育水準が高く，したがってよりやりがいのある仕事に就いて自分の能力をふるいたいと考え，その結果複雑度の高い労働を選択する。他方，年齢が高く，教育水準が低い人々がしだいに労働市場を去り，それにともなって複雑度の低い労働活動そのものが減少してきている。

水平的変化を分析したときと同様に，ここでも過去10年間に起こった変動傾向に注目しよう。比較のためにまた1993年のデータも使える。まず労働市場への参入とそこからの退出の全体状況をみてみる（表4-6参照）。

1988年と1999年の間で，経済活動人口の69%は，労働の複雑度からみて同じ

表 4-6 1988年－1999年における労働の複雑度の変化（%）

労働の複雑度	向上	低下	周辺度数の差 (1999－1988)
最高　6	27.9	－	－0.7
5	27.6	6.5	＋1.1
4	17.2	14.0	－1.7
3	6.8	19.3	－0.9
2	3.1	27.6	＋1.1
最低　1	－	55.6	＋1.0

地位にとどまった。複雑度が高まったのは14%の人々で，低まったのは17%だった。ちなみに1988年と1993年を比較すると，78.3%は同じ地位にとどまり，10.8%が高まり，10.9%が低まった。したがってその後は低下傾向の方が大きかったといえる。これは1990年代に起こった変化の影響と理解することができる。すなわち，社会経済変革の初期に私企業家が新たに出現し，同時に大企業では経営者や管理者の入れ替えがなされ，そしてその後の年月にマクロレベルの社会変動が全面展開したことの結果といえる。

この推移は1993年と1999年との個人移動値からも見てとれる。1988年と1993年の間では構造移動の割合は5.6%だったが，1999年には6.5%に増加した。この構造移動の微増傾向に対して，純粋移動の値は顕著に増大した。すなわち労働の複雑度からみて垂直的な移動は全体的に浸透した。その値は1993年の16%から1999年の24.5%へと高まったのである。このことは，1990年代初頭に職業的地位の構造に根本的な変動があって，その構造がかなり開かれたものとなり，その後個々の間に移動の機会が広がったことを意味している。いいかえると，労働の複雑度からみた職業の垂直的構造は今日かなり開かれたものとなっており，より高い地位へ上昇する機会が大きくなっている。しかし同時にそれだけリスクも大きくなっており，より低い地位へ下降する可能性も広がっている。

この移動の原因を，階層的地位（階級×職業）と職種という二つの点から探ってみる。階層的地位との関係は図 4-1 に示されている。

これをみると，労働の複雑度があまり変わらなかったのは熟練労働者と中級職員であり，かなり変わったのは企業主（雇用者を持つグループと持たないグループの双方とも）である。しかしここで指摘しておかねばならないのは，この階層的地位と労働の複雑度との相関は強い（コンティンジェンシー係数 = 0.72）とはいえ，その関係はかなりあいまいだという点である。階層的地位のなかでそれがあいまいでないのは半熟練・不熟練労働者だけである。これらの階層は労働の複雑度が最も低い仕事に従事している（レベル1）。他方，企業主と中級職員における労働の複雑度は広くばらついており，低位（レベル2）から最高位

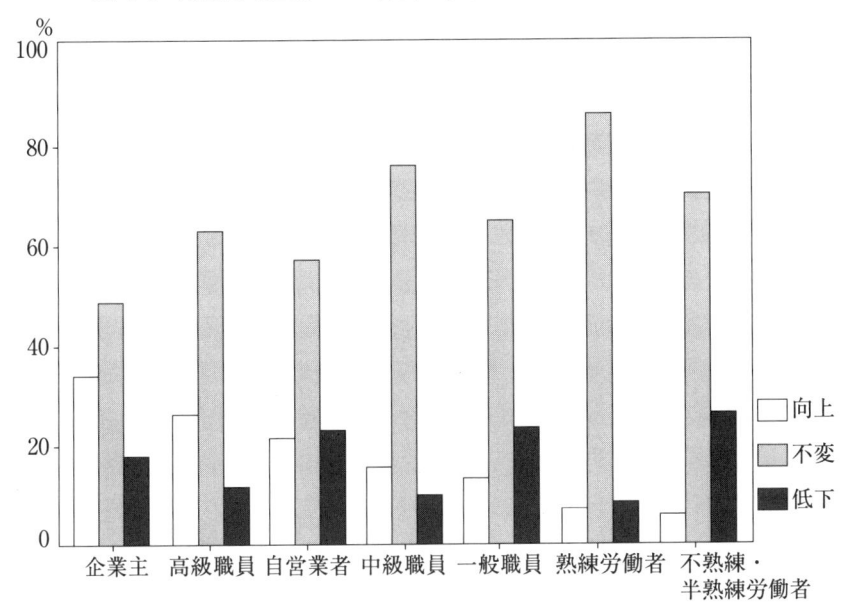

図 4-1 階層的地位別にみた労働の複雑度における移動

凡例: 向上／不変／低下

（レベル6）までにまたがっている。

階層的地位の変動は労働の複雑度における移動に大きな影響を与えている。その代表的な例は私企業家の出現であり，彼らのおよそ30％は労働の複雑度が増した。高級職員と中級職員（後者は主として一般職員と熟練労働者から移動）に就いた人たちも少なからず労働の複雑度を上げている。

労働の複雑度が低下したのは主として不熟練・半熟練労働者である。この層は下降した約40％の人々の「終着駅」をなしており，この数字には経営者を含めてあらゆる層からの流入者が入っている（これは1990年代初頭に多数の経営者や管理者の入れ替えがあったことの結果でもある）。

労働の複雑度における移動にもう一つ大きく関わっているのは，職種の変化である（図 4-2 参照）。

過去10年の間に労働の複雑度がいちばん変わらなかったのは医療・保健職で，91％が不変であった。同様な傾向は建設職にもみられ，工業職や農業職も

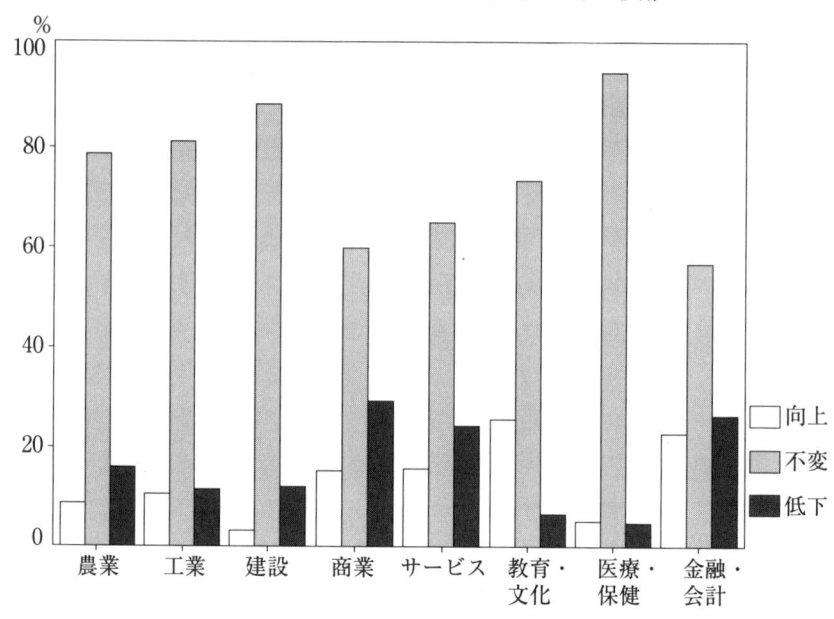

図 4-2 職種別にみた労働の複雑度における移動

凡例：□向上　▨不変　■低下

横軸：農業、工業、建設、商業、サービス、教育・文化、医療・保健、金融・会計

それに近い。反対に変化があったのは金融・会計職と商業職である。複雑度が大幅に高まったのは教育・文化職と金融・会計である。今日これらの職に従事している者の約4分の1が労働の複雑度の向上を経験している。このうち金融・会計職の場合は商業職やサービス職とともに複雑度の低下を経験している者も少なくない。

3. 企業規模の変化と雇用者分布

1990年代初頭に存在していた企業はすべて，その後の10年間に多かれ少なかれ組織変動を経験したといってよい。初期の変動は所有構造の変化だった。1990年時点ではすべての企業（若干の例外はあったにせよ）がまだ国有ないし協同組合所有であったが，1999年末には13,000の株式会社が登録されていて，その所有は国内資本や合弁資本などさまざまな形態をとっており，さらに150万の個

人企業が商法に則った事業活動を行っている。今日ではチェコ全体で約200万の事業体が登録されている。ちなみに1990年時点でのその数はおよそ19,000だった。

この間に大企業の分割が行われ，その結果企業規模の構成もかなり変わった。1988年当時には雇用者の3分の1以上が従業員規模500人以上の大企業に

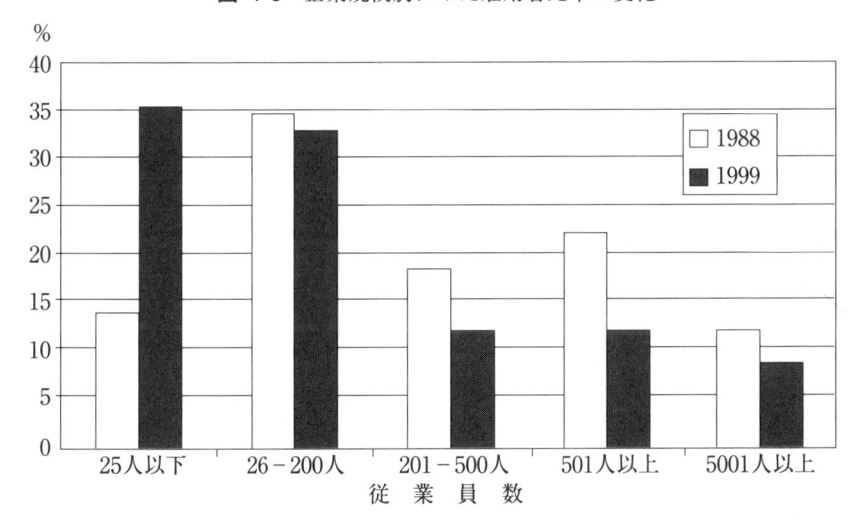

図 4-3 企業規模別にみた雇用者比率の変化

いたが，1999年にはそれが5分の1程度になった（図 4-3 参照）。

経済活動人口のおよそ半数は勤務先企業の規模の変化を経験した。企業規模の縮小は主に商業，サービス業，建設業で顕著だった。反対に規模の変動がなかった典型例は教育機関である。

規模の変動とともに広がったもう一つの大きな変化は，組織構造と経営スタイルの変化である。調査によれば3分の2の従業員がこの変化を指摘しており，その半数は変化がいまなお継続していると述べている。これと並んで起こったのは企業の技術装置の変化であり，約半数の従業員がこの変化を指摘している。

これらの変化は労働生産性の変動に反映している。1989年時点の労働生産性を100とすると，1990年代前半には下降傾向を辿った。1993年における工業雇用者1人当りの労働生産性は1989年に比べて82.4%に落ち込んだ。しかしその後上昇傾向を辿って，1999年には115.9%の値に達した。つまり労働生産性は1993年に底を打ち，その後の6年間に向上を続けて，1989年と比べて3分の1の増大を記録した。この10年の間にはチェコとスロヴァキアの連邦制が終焉し，チェコ国内では政治危機が進行し，国際的には経済危機が続いたなど，阻害要因が多々あったにもかかわらず，労働生産性は向上してきたのであり，これは全般的な前向きの現象として評価できる。

1990年代における企業内のもう一つの重要な変化は，フルタイム就労者の平均労働時間の増大である（図4-4 参照）。

これは週45時間前後で揺れており，法定の週当り労働時間を上回っている。

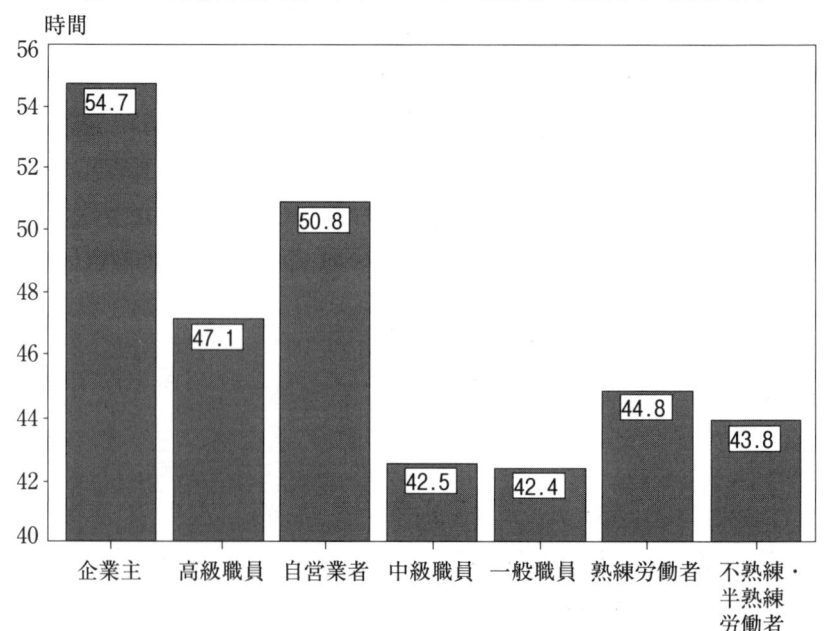

図 4-4 階層的地位別にみたフルタイム就労者の週当り平均労働時間

企業主	高級職員	自営業者	中級職員	一般職員	熟練労働者	不熟練・半熟練労働者
54.7	47.1	50.8	42.5	42.4	44.8	43.8

（単位：時間）

具体的にいうと，フルタイム就労者のうち週当り労働時間が40時間未満の者は9％で，44-50時間の者は29％，50時間以上の者は15％である。労働時間の長さは階層的地位によってかなり差がある。企業主層（自営業者も含めて）は生活時間の大部分を仕事に費やしている。これに対して労働時間が短い（といっても法定労働時間の水準）のは中級職員と一般職員である。

4. 総　　括

1990年代の10年間，チェコの社会と経済は大変動を経た。それはチェコにとって20世紀における最大規模の変化であった。本稿では，職業グループ分類からとらえた水平軸と労働の複雑度からみた垂直軸という，職業構造の二つの主軸を設定し，それによってこの変動を明らかにするとともに，この間にチェコ企業が経験してきた根本的変化に光を当てようと試みた。

明らかにマクロレベルでも企業レベルでも変化は急激でしかも深部に及んだ。その中で，チェコ経済の国際競争力強化に向けたさらなる発展のための基礎条件が生み出されたといえる。

参 考 文 献

Jungmann, B., 1969, "„Složitost práce" jako rozměr vertikální diferenciace společnosti jako individuální šance", in : Machonin, P., *et al.*, *Československá společnost*, Bratislava : EPOCHA.

Kuchař, P., 1996, "Zaměstnanecký status", in : Machonin, P., Tuček, M. *et al.*, *Česká společnost v transformace*, Prague : SLON.

Machonin, P., Tuček, M., *et al.*, 1996, *Česká společnost v transformaci : K proměnám sociální struktury*, Prague : SLON.

第5章　価値志向と労働観

イジー・ブリアーネク

1. 本章の課題と方法

　かつてわれわれはチェコ社会における価値志向の調査を行ったが (Buriánek & Šubert 1995)，その後一定期間を置いて，より広い文脈で同様な調査を実施した。これは「体制変革とグローバル化のもとでの個人と社会」研究プロジェクトの一部をなすもので，「アクター2001」と呼ばれる調査である。行為する人間とその生活戦略に焦点を置いたこの調査では，単に伝統的価値群だけでなく，価値論的に主要な役割を演じるその他多数の問題群をも考慮に入れる必要があった。本稿ではこの調査の最新データを開陳する。しかし調査でとりあげた問題群を全部まとめて扱うわけにはいかないから，本稿では労働に関わる価値群に扱う範囲を限定する。というのは，1989年に発したチェコ社会の変革が最も大きく影響したのは，労働に関わる点だと考えられるからである。家族とか健康とかに関わる伝統的価値には，そんなに大きな影響はなかったとみられる。しかし労働市場の変化や業績と競争の強調は価値群内部における労働の位置に変化をもたらしただけでなく，一般市民が抱く労働観をも変えているかもしれないのだ。

　われわれがここで検証しようとするのは特に年齢の影響である。これによって世代間における価値の変化をとらえようと試みる。さらに，実際の就労状況および経済的地位の影響も考慮に入れる。また，政治志向との関連も追究する。

調査は19歳から60歳までの回答者1,518人をサンプルとして2001年11月に行われた。サンプルはチェコ共和国全人口の各年齢階級を代表している。調査は面接ネットワーク「ウニヴェルシタス」によって実施され，用いた方法は割当法による面接調査である。回答者には価値の一覧表を提示して，その中から該当するものを選んでもらうという方法を用いた。そしてそこから適当な項目を取り上げて，われわれが以前に実施した調査や他の研究者が過去に行った調査など，先行調査の結果と比較ができるようにした。われわれはチェコ科学アカデミー付属社会学研究所のトゥチェク氏の研究チームが開発した調査枠組を適用し，さらにこれにわれわれの研究目的に沿っていくつかの調査項目を加えた。分析にあたっては既存の理論モデル（たとえばイングルハートの「物質主義的価値・対・脱物質主義的価値」の区分とかローキーチの尺度とか）には囚われず，行為主体の意思決定過程，つまり多様な可能性の中からの個人の行為選択に焦点を置いた。要するにわれわれが明らかにしたいのは，行為主体がさまざまな価値を達成可能性との絡みで秤量しつつどの価値を選択していくかという，価値の動機的側面なのである。

　価値の秤量をみていく際にわれわれがとった方法は，等級づけ（rating）ではなくて順位づけ（ranking）である。こうすると回答者は答えにくくなるけれども，反面，回答者が安易にどの価値項目にたいしてもすべて「重要だ」と答えてしまうのを防げる。また，現実生活の意思決定の場面では，ある価値が重要になれば他の価値の重要度は下がるということが生ずる（Hellevik 1994）。たしかにこのような方法では個別価値の間にあえて差をつけてみることになり，主観的評価を広げてしまうことになる。しかしこれによって価値群を一つや二つの主要な価値で云々することを避け，個々の社会層のより自然で事実に近い状況をみることができると思われる。

2. 社会的・一般的価値と政治志向

　回答者に価値の一覧表を示して最初に評価を求めたのは，いくつかの基本的

な社会的・一般的価値理念に関してである。その評価ははっきりした序列構造をあまり示しておらず，むしろ政治的領域に関する個人の意見の多様性を表している。

回答者は六つの価値を評価選択するよう求められ，その結果は下のようになった。

表 5-1　価値の順位づけ

	平均順位	第1順位（％）
個人的自由	3.08	25
遵　　法	3.35	16
社会的公正	3.44	20
民主主義	3.46	14
自己実現機会	3.77	13
社会道徳	3.78	12

回答者はいわば無理矢理に価値評価を求められたのだが，年齢や性など回答者の属性の違いが価値の選択にも表れている。まず年齢との相関が明瞭に見てとれる。年齢が高まるほど社会的公正を重視する傾向は高まる（ガンマ＝−0.12）のに対して，個人的自由（ガンマ＝0.19）と自己実現機会（ガンマ＝0.09）の重視は低まる。社会道徳に関しては24歳以下の若年層と55歳以上の高齢層との間に差が見られ，高齢層にこの価値を重視する者が多い（ガンマ＝−0.08）。この点では男女差も大きく，女性の方がこれを重視している（女性3.69対男性4.07で，統計的有意水準0.001，イータ（eta）値0.11で有意差がある）。男女差がとくに大きいのはこの項目だけである。また，個人的自由を重視するのは男の方に多い（男性2.97対女性3.12）。

経済的地位（生活水準）による違いもみとめられる。経済的地位を4段階に分け，社会的公正と個人的自由の順位相関分析をしてみると，地位が高い者ほど個人的自由を重視し，社会的公正を軽視する傾向が得られた。また，最上位の者は民主主義や自己実現機会を重視する傾向がややあり，他方，最下層の者

は社会道徳を強調する傾向がある。

チェコ社会における社会分化の拡大が価値志向のありかたに反映していることは明らかである。価値志向の構造はまた政治志向が右寄りか左寄りかによって違っている。長期的にみると政治志向の基本構造は社会全体の中で安定していて，右派政党支持への傾斜が持続している（最右翼をポイント9,最左翼をポイント1として9点法で左傾・右傾指数を求めると，平均値は5.57で，やや右寄り）。左翼（1と2）の支持者は合わせて5％しかなく，右翼（8と9）の支持者は14％である。ちょうど中間の政治志向の支持者は26％である。

われわれの調査ではさらに政策選好をも明らかにした。表 5-2 はそれを示す。

表 5-2 政策選好

	比率（％）	左傾・右傾指数（1－9）
1.保守主義	15	6.26
2.自由主義	32	6.65
3.社会民主主義	38	5.10
4.社会主義	12	3.76
5.共産主義	2	2.47
6.急進主義，無政府主義	2	5.78

分析を進めるにあたって4と5をいっしょにして「社会主義」とし，6は内容が不明確で支持者も極めて少ないので分析から外す。そしてこれらの政策選好と社会的価値理念との相関を求めると，表 5-3 のような結果が得られる。平均の差は統計的に有意なかたちではっきりとみとめられる。すなわちイータ (eta) 係数は社会的公正 (0.35) と個人的自由 (0.26) では最高値を示し，社会道徳 (0.10) では最低値を示す。経済的地位（生活水準）の個人評価からみると（この場合には「上層」と「下層」の2区分でみる），社会的公正と民主主義と個人的自由でだけ統計的差異がみとめられる。ただしイータ係数の最高値は社会的公正で0.19を記録している。

この表から明らかなように，政策選好の違いは実質的に価値群と関連してい

表 5-3 政策選好別・経済的地位別にみた社会的政治的価値の平均順位

	社会的公正	民主主義	個人的自由	自己実現	遵 法	社会道徳
保守主義	3.77	3.55	3.17	3.87	3.00	3.64
自由主義	4.20	3.18	2.49	3.48	3.52	4.12
社民主義	2.99	3.50	3.35	3.98	3.35	3.80
社会主義	2.49	3.83	3.69	3.86	3.37	3.77
合 計	3.43	3.45	3.09	3.79	3.35	3.87
富 裕 層	3.82	3.28	2.85	3.68	3.42	3.92
貧 困 層	3.15	3.59	3.25	3.85	3.30	3.85

る。しかし年齢の作用も無視できない。自由主義政策を選好する者は若年層に多く（年齢を若い順に1から8までの8段階に分類すると3.7），社会主義政策を選好するのは年配者に多い（5.6）。保守主義（4.4）や社会民主主義（4.6）の政策を選好する者は中間的な年齢層に多い。もちろん高齢層は経済的地位が平均的に低く（年金生活者は回答者の中に含まれていなくても），したがって社会的公正を重視する傾向があることも，考慮に入れなくてはならない。概してデータは政策選好の分類が妥当であることを物語っている。

社会全体に関していえば，一般的には個人的自由の価値は社会的公正の価値とつながっている傾向がある。だからこそ政治志向の次元でやや右寄りの傾向が出ているのだとみることができよう。つまり典型的な自由主義選好は社会的公正と「バランス」を保っているといえる。社会的公正はいまでも高く価値づけられているが，これと最も強く結びついているのは，色褪せつつある「社会主義」価値志向である。

価値の諸項目を因子分析にかけると，次の3組の対立因子が示される。

①遵法と社会道徳・対・個人的自由

②民主主義・対・自己実現

③社会的公正・対・(多少)他の諸因子，とくに個人的自由

ここでも見てとれるように,社会的公正の価値は個人的自由と対立するものとは意識されていない。回答者の意識の中で両者は一つの自律的次元をなしている。

3. 個別的価値の選好度とその達成可能性

ここでは個別的価値として13の項目をあげる。「健康」をこの中に入れていない代わりに,より具体的な「体調」という項目を加えている。また,この中にはあまり日常的ではない「家庭安泰」という項目を含めてある。これらの価値を達成可能性の観点からまとめると表5-4 のようになる。達成可能性は,「ほぼ確実」をポイント1,「ほとんど不可能」をポイント5として,5点法で測った。平均順位は1位から13位までの順位尺度で求めた値である。

表 5-4 個別的価値の平均順位と達成可能性

	平均順位	達成可能性
家族・子供	4.31	2.18
家庭安泰	6.88	2.34
自　　立	6.21	2.35
体　　調	6.04	2.53
仕　　事	4.21	2.53
愛情関係	7.59	2.55
余　　暇	5.84	2.56
評判・敬意	6.11	2.69
情報接触	8.17	2.75
学歴・資格	6.69	2.85
旅　　行	8.65	3.11
愛他・慈善	10.40	3.32
豊かな暮らし	9.17	3.47

これらをまとめると図 5-1 にようになる。ここから回答者の個人生活における各価値項目の重要度が見てとれる。

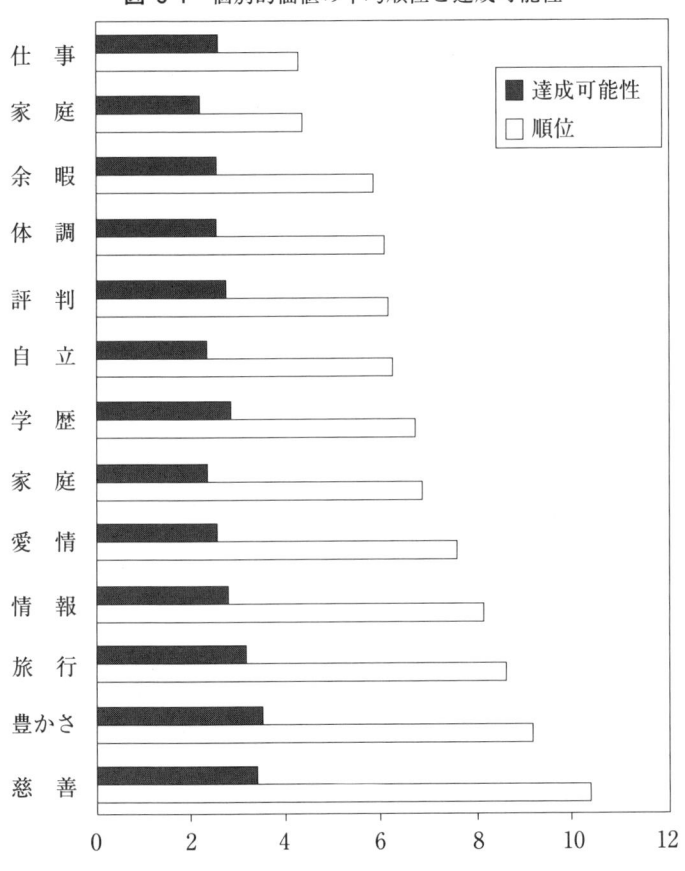

図 5-1　個別的価値の平均順位と達成可能性

■ 達成可能性
□ 順位

仕　事
家　庭
余　暇
体　調
評　判
自　立
学　歴
家　庭
愛　情
情　報
旅　行
豊かさ
慈　善

この図に示されているように，トップを占めているのは「興味ある有用な仕事」である。これはわれわれの予想どおりであった。そして第3位に位置するのが「個人的関心や趣味のための余暇」であり，これは仕事から離れた場での自己実現の重要性を表現している。相対的にいってあまり重視されていないのは（といってもけっして拒否されているわけではないが），「豊かさ」（快適で贅沢な暮

らし）や「愛他・慈善」(社会参加と慈善活動) である。この点ではチェコ社会はあまり変わっていない。快適な暮らしがあまり重要視されていないのは，この価値を達成する機会がきわめて僅かだという意識からきていると思われる。

逆に，「家族・子供」(家族や子供のために生きる) とか，「家庭安泰」(家事・家庭を無事に維持する) とか，「自立」(他者の意見に縛られない) とかが上位にあるのは，回答者がそれらを比較的容易に達成しうるものと思っているからだろう。

平均順位と達成可能性との間にギャップがある価値項目がみられる。この点で注目されるのは「仕事」と「余暇」である。とくに「仕事」の場合には平均順位ではトップにありながら，達成可能性では4位にくる。これは平均順位では低いのに達成可能性では比較的高いランクにくる「愛情関係」(友情・性愛) と，対照的である。

男女間にはあまり大きな有意差はない。男性が女性よりも，また女性が男性よりも相対的に重視する価値項目をあげると，以下のようなものがある。

男性：「余暇」(5.53)，「自立」(5.94)，「豊かさ」(8.80)
女性：「家族・子供」(3.68)，「家庭安泰」(6.50)，「愛他・慈善」(10.16)

女性の場合は「家族・子供」がトップにくるが，「仕事」を重視する度合いは男性並みである。

年齢による差はある程度みとめられる。イータ係数でみると年齢差が顕著に表れているのは「家庭安泰」(0.29)，「家族・子供」(0.24)，「愛情関係」(0.23) である。24歳以下の最若年層の場合，「家族・子供」の平均順位は6.17，「家庭安泰」のそれは8.58である。逆に年齢が高くなるほど「愛情関係」の位置が低くなる。最若年層はまた，中高年層と比べて「自立」(5.25)，「情報」(7.39)，「旅行」(7.51) を重視する傾向がある。最年長層はそれより下の年齢層に比べて「体調」(5.30) を重視している。若年層ではもっと「学歴」(教育・資格の取得) が重視されていいと思われるが，「仕事」に関しては年齢差はみられない。

若年層にもっとも顕著に選好されているのは「自由主義」政策である（表5

-5参照)。四つに分けた政策選好の間には年齢差が有意にみとめられる(年齢階級指標は8段階区分による)。他方,われわれの統制分析によれば,年齢因子のチェックによっても政策選考との関係が証明される。

表 5-5　政策選好と年齢・個別的価値志向

	年齢階級指標	上位の価値	下位の価値
自由主義	3.7	「旅行」(8.2),「情愛」(7.3)	「家族」(5.1),「家庭」(7.8)
保守主義	4.4	「家族」(3.8)	「豊かさ」(9.8)
社会民主主義	4.6		
社会主義	5.6	「家庭」(5.6),「豊かさ」(8.5)	

　保守主義選好者の間では年齢と「家族・子供」との関連はあまりみられないが,自由主義選好者や社民主義選好者では顕著である(後者ではガンマ-0.2)。「家庭」も同様である。「家族・子供」重視は25歳-29歳の年齢層に多いが,それは保守主義選好者だけでなく社民主義選好者にもみられる特徴である(52%がこれを第1位にあげている)。しかし最年長層では「家族・子供」を特に重視しているのは社会主義選好者である(70%がこれを第1位か第2位にあげている)。政治的立場によって「家族・子供」の意味するところが異なっていると思われる。ちなみに共産主義支配下では,家族は一種の保護施設,一種の生活ネットワークとも考えられていた。

　次に経済的地位との関連をみてみよう(表5-6参照)。ここでは回答者を「富裕層」と「貧困層」に2等分して分析する。両者間でわずかながら差がみられるのは「家事安泰」に関してである(イータ係数0.12)。貧困層は富裕層よりもこれを重視している(6.5対7.4)。他方,富裕層は貧困層よりも「情報」を重視している(7.9対8.4)。しかし概して経済的地位の違いは価値志向の違いをあまり伴っていない。むしろ年齢のような個人属性の違いの方が政策選好などの違いを伴っている。

　しかし価値の達成実現性という点からみると,富裕層と貧困層の差がかなり見えてくる。イータ係数の大きさにそって価値項目を並べ替えてみると,表5

表 5-6　価値の達成可能性と経済的地位

	イータ係数	富裕層	貧困層
豊かな暮らし	0.30	2.6	3.1
仕事の面白さ	0.24	2.2	2.8
学歴・資格	0.19	2.6	3.1
旅　　行	0.19	2.8	3.3
愛情関係	0.15	2.4	2.7
体　　調	0.12	2.4	2.6
情報接触	0.12	2.6	2.9
自　　立	0.11	2.2	2.4

-6 のようになる。

　年齢因子も作用しているとはいえ，経済的地位の違いが価値の達成可能性に差をもたらしているのは明らかである。とくに「仕事」と「学歴」にそれがはっきり表れている。

　男女間の違いもある程度みとめられるが，一般的にいってそれはあまり顕著ではない。女性は「家族」（男女差が最大の0.4ポイントで，エータ係数は0.17）や「慈善」を達成可能と考える傾向があり，男性が女性に比べて達成可能と考えているのは「自立」や「体調」である。ほかの価値項目でも男女差が統計的にみとめられるが，それは男女ともあまり重視していない価値項目である。

　価値志向の構造をさらに究明していくために因子分析を試みたところ，分散59％で五つの因子が浮かび上がってきた。表 5-7 がそれを示している。これによって価値項目を分類してみる。

　これらの因子を解釈すると，「体調」という個別的価値は「健康」という一般的価値に結びついており，それを重視しているのは年齢が高い層であるといえる。各因子はその対極をなす因子をもっているが，対をなしている因子どうしをまとめて一般的な名称を与えることができると思われる。こうしてまとめたものを価値志向の基本軸とみなし，以下のように定義づける。

　①「家族」「家庭」　対　「旅行」　　　　　—— 私的・一次的関係

表 5-7 価値項目の因子分析結果（ヴァリマックス回転による）

	第1因子	第2因子	第3因子	第4因子	第5因子
余　　暇	0.12	−0.36	−0.06	0.42	0.52
仕　　事	0.05	−0.18	−0.68	−0.16	0.00
家族・子供	−0.79	0.12	−0.06	−0.02	−0.09
家庭安泰	−0.79	−0.04	0.12	0.10	0.06
評判・敬意	0.11	−0.07	−0.25	−0.60	−0.01
自　　立	0.37	0.29	0.38	−0.42	0.23
愛情関係	0.15	−0.33	0.57	−0.16	−0.03
豊かな生活	0.11	−0.55	0.29	0.26	0.11
体　　調	0.05	−0.10	0.12	0.14	−0.82
他愛・慈善	−0.14	0.60	0.18	0.19	0.26
情報接触	0.38	0.65	0.01	0.11	−0.10
旅　　行	0.49	0.20	−0.01	0.54	−0.16
学歴・資格	0.11	0.04	−0.60	−0.14	0.14

② 「豊かさ」「愛情」対「慈善」「情報」　——　**物質主義／理想主義**
③ 「仕事」「学歴」　対　「愛情」　——　**仕事と業績**
④ 「自立」「評判」　対　「旅行」　——　**自立**
⑤ 「余暇」　対　「体調」　——　**自己充足**

これらの基本軸を代表するものは，全体の順位づけでそれぞれトップに位置する価値項目である（「仕事」「家族」「余暇」「自立」）。

4. 生活戦略における価値選択

チェコ社会の価値志向をより詳しく追究する目的で，現実生活における価値選択を2分法的な設問形式で分析してみる。ここで扱う項目のいくつかはすでにとりあげた価値項目の中にあるが，それらの対極をなすような価値も新たに

追加している。ここでとりあげる対の約3分の1は仕事や雇用の価値に関連したものである。下にそれらの対を示すが，そこに掲げた数値は，一方の極をポイント5，他方の極をポイント1として，5点法で求めた回答の平均値を指す。

＜甲＞		＜乙＞
仕事本位	3.32	家族本位
公的活動関与	4.18	公的活動敬遠
質素な暮らし	3.42	悦楽な暮らし
一箇所に定住	2.29	状況で移動
余暇を自己啓発に	3.34	余暇は遊びに
自分の意見を堅持	2.88	他者の意見に同調
育児は厳しく	3.40	育児は寛容に
人の注目をひく	3.27	目立たないように振舞う
管理的地位を追求	3.14	管理的地位を回避
独立自営で働く	3.17	雇われて働く
一社に忠誠	2.87	転社を厭わない

回答がどちらかに偏っている対をみると，チェコ社会の価値志向の状況がみえてくる。その特徴をあげると以下のようになる。

① 公的活動には関与しない。
② 同じ場所で暮らしつづける。
③ 悦楽な生活を送る。
④ 子供は寛容に育てる。
⑤ 余暇は遊びに使う。
⑥ 家族本位に暮らす。

その他の価値はポイントが3に近いから，価値選択が甲乙ほぼ等分に分かれているとみられる。いずれにせよ選好されている価値は豊かな消費生活にあ

る。なお前にみたように，一般的には「興味ある有用な仕事」がトップにランクされているが，あえて「仕事本位」か「家族本位」かと選択を迫ると，回答者の多くは「家族本位」をとる。また，データからは「移動」への価値づけは小さく，多くは「定住」をとる。仕事や雇用に関連した価値に関しては平均点からだけだと甲乙つけにくいが，回答分布の比率をみるとかなりのバラツキがみとめられる。下のデータがそれを示している（各次元ごとに百分率で示す）。

仕事本位	4	16	37	31	12	家族本位
管理職	7	24	31	25	13	一般社員
独立企業	11	22	25	23	19	雇用者
企業忠誠	16	22	31	22	9	企業離れ

おおよそ3分の1の回答者が管理職志向や独立企業志向で「能動的」価値をよしとしている（企業離れないし転職志向もこれに加えられる）。なお「仕事本位」を選ぶ者はわずか5分の1にすぎないが，「企業忠誠」を選ぶ者はかなり多い。

仕事に関連したこれらの価値が同質的であることは，因子分析から証明されている（55％の範囲で）。第1因子は仕事と公的生活にかんして能動性を表している。第2因子は一般的な柔軟性を，第3因子は社会的接触や他者への適応を，そして第4因子は快楽主義的特徴を表している（表5-8参照）。

こうして得られた諸因子を適用して分析を進めてみる。表5-9はこれらの因子と回答者の属性や政策選好との関係を示している。

この分析から，年齢が一社定着や一箇所定住など，「柔軟性」にかなり影響していることがわかる。若年層は単に「柔軟性」が高いだけでなく，一般に「能動性」も高く，個人的欲求への関心も高い。概して男性は「能動性」が高く，女性は「社交性」が高くて，どちらかというと質素で禁欲的である。

富裕層は「能動性」がかなり高く，「柔軟性」もやや高い。この点からみて態度と価値は経済的地位とリンクしており，業績，自立，責任，積極的関与と

表 5-8 生活戦略選好の因子マトリックス

	第1因子	第2因子	第3因子	第4因子
仕事／家族	0.42	−0.03	0.37	0.16
公的活動敬遠	0.65	0.20	0.06	0.20
消　　費	−0.25	0.39	0.02	0.54
移　　動	−0.37	0.55	−0.22	0.10
趣　　味	0.23	−0.05	0.02	0.80
適 応 性	0.22	0.02	0.74	−0.22
接　　触	−0.19	−0.04	0.68	0.40
育児寛容	0.04	0.64	0.34	−0.24
目立たない	0.73	−0.07	−0.03	−0.15
管理職／一般社員	0.79	−0.07	0.05	0.06
企業家／雇用者	0.63	−0.21	0.09	−0.07
転　　職	0.03	0.69	−0.06	0.12

抽出方法：主成分分析。ヴァリマックス回転による。

表 5-9 生活戦略選好因子の社会的分化（相関係数または因子得点の差）

	能動性/受動性	柔軟性	社交性	快楽志向
年齢(ピアソン相関係数)	0.11++	−0.35++	0.04n	−0.10++
男性(因子得点平均)	−0.22	−0.06	−0.18	0.11
女性	0.22	0.06	0.18	−0.10
富　裕　層	−0.29	0.10	0.02n	−0.03n
貧　困　層	0.23	−0.08	−0.01n	0.02n
自由主義選好	−0.33	0.29	−0.12	0.12
保守主義選好	0.03	−0.01	0.06	−0.18
社民主義選好	0.13	−0.08	0.10	−0.07
社会主義選好	0.36	−0.52	−0.02	0.10
エータ係数/政策選好/	0.25+++	0.26+++	0.10+++	0.12+++

(注)1. 2分対比変数のエータ値はだいたいはっきりした分散を表している。
　　2. nマークが付いていないのは統計的に有意な差が明瞭である場合である。

いった原則がチェコ社会において重要性を増していることがわかる。

また，このような生活戦略原則が人々の政策選好とかなり関連している点も興味深い。まず，自由主義選好と社会主義選好との間には，「能動性」と「柔軟性」の点で有意な差が表れている。保守主義選好には「プロテスタントの倫理」の影響がみとめられる。社民主義選好は「社交性」が高い点で他と異なり，この点では特に自由主義志向との差が顕著である。これらの差にはそれなりの筋の通った理由がある。仮説として要約すれば，次のように総括することができよう。個別的価値群に関しては政策選好からのはっきりした説明はできにくかったが，政策選好はあきらかに幾つかの価値原則の選好だけでなく，現実の生活戦略をも指し示しており，特にそれは仕事や公的関与といった「能動性」と，「柔軟性」においてみとめられる，と。そこには特に世代という要因が実質的に絡んでいる。

5. 仕事関連の価値

われわれの2回目の調査では仕事と雇用に関連する価値を中心にとりあげている。その設問では回答者に五つの価値項目を示し，順位をつけることを求めている。あえて回答者に順位をつけてもらうと，第1位にあげた者が抜群に多かったのは，下に示すように「仕事の内容」と「雇用の保障」の二つだった。

		〈平均順位〉	〈1位にランクした回答者の比率〉
①	仕事の内容	2.23	38
②	仕事の保障	2.41	35
③	高い収入	2.69	18
④	十分な余暇	3.61	6
⑤	昇進の機会	4.04	3

収入はそれほど高くランクされていない。このことは二項選択法で調べた下

掲の結果からも指摘できる。

甲：「給料は低くても，休息が十分に保障され将来見通しが明るいほうがいい」 59%
乙：「休息を十分にとれず将来見通しが不透明でも，給料が高い方がいい」 41%

多数の回答者が重要視しているのは「仕事の保障」であるが，「高収入」を他の価値より高く順位づける者も少なくない。特にそれが顕著なのは男性 (51%，女性は32%)，富裕層 (48%)，特に管理職 (58%)，自由主義志向層 (58%) である。

どの価値項目を1位にあげているかということの中に，社会分化が表れている。男性は「仕事の保障」(平均順位2.6位) よりも「高収入」(2.5) の方を上に置き，女性は逆に「仕事の保障」(2.2) を「高収入」(2.9) より上に置く。経済的地位の違いからみると，富裕層は貧困層よりも「昇進の機会」(3.9) を好み，貧困層は「仕事の保障」(2.2) を重視する。「仕事の保障」の重視は年齢差がある。そのランクは若年層では2.9位だが，最高年層では1.9位である。

政策選好と仕事関連の価値との関係をみると，保守主義選好者は「仕事の内容」を重視する (2.1) のに対して社会主義選好者の場合はそれほどでない (2.5)。社会主義選好者が重視するのは「仕事の保障」(1.8) であり，重視していないのは「昇進の機会」(4.4) である。逆に「昇進の機会」は自由主義志向者の間では3.8位であり，また彼らの間では「仕事の保障」(2.9) よりも「高収入」(2.5) の方が高くランクされている。社会民主主義選好者の間では他の政策選好の場合と比べて「高収入」のランクはもっとも低い (2.9)。

管理職 (少なくとも部下1人を持つ) においては「昇進の機会」が比較的重視されており (3.7,これにたいして一般従業員の場合は4.2)，一般従業員が重視しているのはむしろ「仕事の保障」(2.3,管理職では2.8) や「十分な休息」(3.6) である。

表 5-10　管理的地位別にみた生活戦略因子（因子得点平均値）

	能動性/受動性	柔軟性	社交性	快楽志向
非就業者	0.11	0.20	0.01	−0.09
一般従業員	0.17	−0.01	0.03	0.07
管理職	−0.57	−0.16	−0.09	−0.12

　管理職はたしかにたいへん興味ある階層である。われわれの調査で就業者の中に彼らが占める割合は27％で，そのうち4％は上級管理職である。この階層をさきにあげた生活戦略因子の点から比較観察してみる。データは表 5-10 のようになる。

　管理職はかなり「能動性」が高いが，その他の因子に関しては平均をやや下回る。そして「快楽志向」というよりもむしろ禁欲志向であり，「柔軟性」からみると移動や転職を好まない傾向がある。チェコ社会はもともと定住志向の傾向があるが，管理職にそれがよく表れている。「柔軟性」が高いのは非就業者，特に若年層，学生だけである。ちなみに8段階区分による年齢階級指数の平均値は，非就業者が3.8, 一般従業員が4.4, 管理職が5.0で，統計的に有意な差がある。

　報酬の動機は仕事関連の価値に絡めることができる。表 5-11 が示している

表 5-11　報酬の動機とその階層的・個人的特徴

	重要性				加重平均
	決定的	かなり	ある程度	あまりない	
公平な報酬	27	52	19	2	2.0
より高い報酬	10	27	32	31	2.8
より高い報酬	管理職				2.6
	富裕層				2.7
	男　性				2.7
公平な報酬	非就業者				1.7

ように，多くの回答者が重要視しているのは，他者の仕事ぶりと比較して自分は公平な報酬を得ているかどうかであり，回答者の多数がこれを「決定的に重要」または「かなり重要」としている。これに対して，一定のリスク（企業の成否とか健康への影響とか）を冒してもより高い報酬を得たいという回答はやや少なく，多くは「決定的に重要」というよりもむしろ「かなり重要」または「ある程度重要」と答えており，「あまり重要でない」という回答も3分の1を占める。

リスクを冒してもより高い報酬を求めるという回答が比較的多いのは，一般従業員よりも管理職，貧困層よりも富裕層，女性よりも男性である。他方，非就業者の中に公平な報酬を求める回答が多いのは，自分が弱い立場にあるために仕事の成果を正当に評価されていない，と感じているからだと思われる。

6. 総　　括

多くの点でわれわれの調査結果はローキーチの古典的見解（Rokeach 1973：13）を確証した。すなわち価値は問題解決と意思決定にとっての基準ないし基本的方針をなす，という見解である。そしてわれわれの調査では，政治志向が四つの価値群（社会的価値，個別的価値，生活戦略選好，仕事の動機）のすべてと関連していることが証明された。

しかしわれわれの調査結果をイングルハートの「物質主義的価値・対・脱物質主義的価値」の区分（Inglehart 1977）に関連付けるのはむずかしい。個別的価値の中では個人的関心や趣味のための「余暇」という価値が相対的に高く位置付けられているが，「学歴・資格」「情報接触」「旅行」「慈善」といった＜奨励的＞価値項目は中間よりも下にランクされている。この意味でチェコ社会は脱物質主義的特徴をあまり帯びていないといえよう。

イングルハートの見解とは別に（彼の見地からチェコ社会論を展開したものとしてはラブシッツ（Rabusic 1990）とリブロヴァー（Librová 1997）を参照），やはり象徴的政治概念に立脚するシアーズの見解にわれわれの調査結果を照らし当てて

みよう。シアーズによると（Siars 1980），長期的持続性のあるイデオロギーや政治志向は個人の態度形成に強く作用する。このモデルによれば，市民はその人格形成期（青春期）において堅固な準拠システムを身につけ，それがその後の個人の政治的態度を方向づけていく。人びとはなにかある出来事や状況について意見を持つ必要に当面したとき，長期的に定着したこの準拠システムに依拠する。チェコ社会に関していえば，こうした人格形成効果を持ったのはいわゆるビロード革命であり，旧世代の人達まで自分達の価値志向を，新しく確立され多様化した政治的意見と結びつけている。

われわれの調査はたしかに年齢差の影響を証明したが，その差が脱物質主義への傾向を示すものと解釈するには無理がある。多くの論者は人格形成への経済の影響に関するイングルハートの説を批判してきた。ダッチとテーラーによれば，価値選好に対する経済の影響がみられるのは，回答者との面接がなされた時点での経済状況くらいのものである。もし若い世代に脱物質主義的傾向が強く表れているとしたら，それは彼らの教育水準が年配の世代よりも高いことから説明されるべきである（Rabusic 2000：16）。ラブシッツは表 5-12 から脱物質主義への移行に関する彼自身の見解を打ち出している。（彼はその際，ヨーロッパ価値研究1990および1999だけでなく，ISSP1993からのデータをも採用している。）彼が提示した結論は，チェコ社会にも脱物質主義（イングルハートの概念による）が表れていて，それが増大する傾向にあり，それを代表しているのは若年世代である，という点にある。しかしそれの測定方法の妥当性に関しては未

表 5-12　年齢階級からみた脱物質主義の分布（1990－1999年）

年	年齢階級	物質主義	混　合	脱物質主義	合計
1991	18－29	20	73	8	100
	50＋	40	57	3	100
1999	18－29	21	66	13	100
	50＋	27	65	8	100

出典：Rabusic（2000：14）．

検討である (Rabusic 2000：19)。

　イングルハートの最近の研究 (Inglehart & Baker 2000：19) では，経済発展は伝統的絶対的価値の後退と，合理性，寛容性，信頼性，参加性という価値の前進とにリンクしていると主張されている。同時に，文化変動は「経路依存」的であり，イデオロギー的伝統が当該社会の中で影響を持ちつづける。しかしチェコ社会の場合には，イデオロギーの変化（共産主義の否定）はドラマティックな問題ではない。特に世代的にみるとそうである。他方，ドラマティックな問題は，脱物質主義への移行の鍵ともいうべき経済の確実性が脅かされていることにある。チェコ社会で脱物質主義が相対的に弱いのは，おそらくこの点からきている。いまチェコ社会にとって重要な問題は，われわれの見解では，参加性と信頼性をどの程度前進させることができるかにある (Fukuyama 1995 参照)。信頼性という範疇はわれわれのこの調査研究の基軸をなす。

　価値の比較研究には，実際，限界がある。イングルハートとベーカー (Inglehart & Baker 2000：20) は，マクドナルドの日本への進出はアメリカやヨーロッパや中国への進出とは異なる経験となることを，われわれに知らせている。調査分析の次元を「伝統的・対・合理的」と「生存・対・自己表出」の2次元に絞っているため，比較は大まかにしかできないが，イングルハートのモデルはチェコと日本がかなり似ていることを示している (ibid：29)。この二つの国は「生存」の点では平均的な値を示しているが，「世俗主義」と「合理性」の点では高い値をみせている。この特徴は少なくともチェコにはあてはまる。そしてそれは日本および東ドイツに近い。

　問題はどの程度これらの国に工業化や宗教の影響があるのか（チェコにはプロテスタンティズムの影響もある），どのようにコーポラティズムの残渣がこれらの国の価値選好に反映しているのかにある。また，日本人の中で物質主義的価値が優越しているという議論も，すでに1970年代に提起されている (Calista 1984：535)。だが価値の調査方法が研究者によって異なるため，問題が残されている。

　したがって，将来の調査研究において，関心を仕事関連の価値と動機に絞り

込むならば，同じ条件を揃え，より信頼性の高い比較観察の準拠枠を作ることができよう。

われわれのこの研究結果を総括するならば，次のように要約することができる。

① 仕事の価値は増大しつつある（仕事の内容と定着という点で）。
② 成人の3分の1はキャリア向上に関心を持つ能動的な人々であるが，管理職志向や社会的自己表出志向は平均レベルである。
③ 余暇や旅行や情報が重要視されている。これが脱物質主義への移行を意味するのかどうかは定かでない。
④ 地域間移動への関心は低いままである。
⑤ 若年層ほど自由主義的傾向，「柔軟性」重視の傾向が強い。
⑥ 政治志向は価値志向と緊密に関連しており，社会分化は広がっている。

参 考 文 献

Buriánek, J., and Šubrt, J., 1995, "The Exhausted or Patient Society? On the Human Potential in the Process of Social Change" in: Šubrt, J. and Toš, N. (eds.), *Crossroads of Transition*, Prague: Charles University, Faculty of Philosophy, 115−126.

Calista, M., 1984, "Postmaterialism and Value Convergence: Value Priorities of Japanese Compared with Their Perception of American Values," *Comparative Political Studies* 16, 525−555.

Fukuyama, F., 1995, *Trust: The Social Virtues and the Creation of Prosperity*, Free Press.

Hellevik, O., 1994, "Postmaterialism as a Dimension of Cultural Change", *International Journal of Public Opinion Research* 6, No. 9, 292−295.

Inglehart, R., 1971, "The Silent Revolution in Europe: Intergenerational Change in Post-Industrial Societies", *American Political Science Review* 65, 991−1017.

Inglehart, R. and Baker, W. E., 2000, Modernization, Cultural Change and Persistence of Librová, H. 1997, Pestří a zelení, Brno, Veronica a Duha Rabušic, L. 1990: Tichá revoluce neboli od materialismu k postmaterialismu v západních společnostech. Sociologicky časopis 26, 505−517.

Rabusic, L., 2000, "Je česká společnost postmaterialistická?" *Sociologcký časopis* 36: 3−22.

Rokeach, M., 1973, *The Nature of Human Values*, The Free Press.

第6章 労働組合の組織と機能

リヒャルド・ルージチカ

1. 本章の課題

　社会主義体制崩壊から今日までの政治的,経済的,技術的変動のもとで,チェコの労働組合とそのチェコ社会における役割は,内容的に大きく変化した。
　しかし従業員利害の集団的代表形態としての労働組合の地位は,基本的には弱体化していない。本稿で指摘したいのはまずこの点である。しかしこれだけが本稿の結論なのではない。労働組合の将来という点からみて,また民主主義システム総体という点からみて重要なのは,構造的な変動過程の背後にある論理を把握することであり,それは労働組合参加モデルを支える諸要因の絡まりあいの中から引き出しえよう。この理論的視座は当然,深い分析と焦点を定めた研究を要求するが,本稿ではその仮説的素描を示すにとどまる。

2. 組織率の低下と世論の評価

2.1　組織率の動向

　労働組合の将来展望に関する懸念から検討したい。
　まず,観察しうる明白な変化は組合員の減少である。これは一般にネガティブな現象とみなされている。世界規模での流れからみて,この傾向が逆転する望みは持ちえないからである。組合組織率は経済構造や組合組織の伝統の違いから国による差があり,たとえばヨーロッパと日本とアメリカでは大きな差が

あり(ヨーロッパでの組織率は日本の2倍，アメリカの3倍である)，EU内部でも国と国とで大きな開きがあるが(図6-1参照)，組合員の減少という点ではほぼどこも共通している(Communique 1 2004:4)。その中でチェコにおける減少傾向はじつに劇的である。

経済活動人口中に占める労働組合員の比率は2000年時点で僅か22%である[1]。社会主義時代には組合組織率はほぼ100%だったのだから，その後10年間の体制転換を経てこれが4分の1を下回るほどになってしまったわけである(表6-1参照)。組合に対する態度調査の結果も同様な状況を描き出している。現業労働者の72%，ホワイトカラー労働者の70.5%が，組合に入るつもりはないと答えているのである。そしてこのいずれの労働者層も，9%が「組合に入りたいが，しかし，……」と答えている(Pleskot 1999:16)。

表6-1 15歳以上全人口の労働組合組織率(%)

	1990	1992	1993	1994	1995	1996	1997	1999	2000
組合員	62	43	42	38	34	24	21	15	14
非組合員	38	57	58	62	66	76	79	85	86

出典:Pohledy-IVVM調査(Mišovič 2000)。

国による工業化の水準や政治的伝統の違いがあるにせよ，ヨーロッパの労働組合にふつうにみられたような進化の過程を，チェコはいわば革命的に一足飛びしてしまった(図6-1参照)。しかし他面では好ましい傾向もみられる。たとえば，1990年代の10年間には労働組合を信頼する人々が増えている。そのような人々は1991年には28%だったが，2000年には37%になっている。社会発展に対する労働組合のポジティブな影響力をみとめている人々もほぼ同程度おり，その比率は43%をなす。また，労働組合の職場での直接的影響力をみとめる人の数はやや低減しているが，そう顕著に落ちているわけではない(Mišovič 2000:3)[2]。組合組織率が急激に低下した反面で，このような事実があったことに注目する必要がある。

図 6-1　2000年における主要諸国の労働組合組織率（分母は雇用者全体）

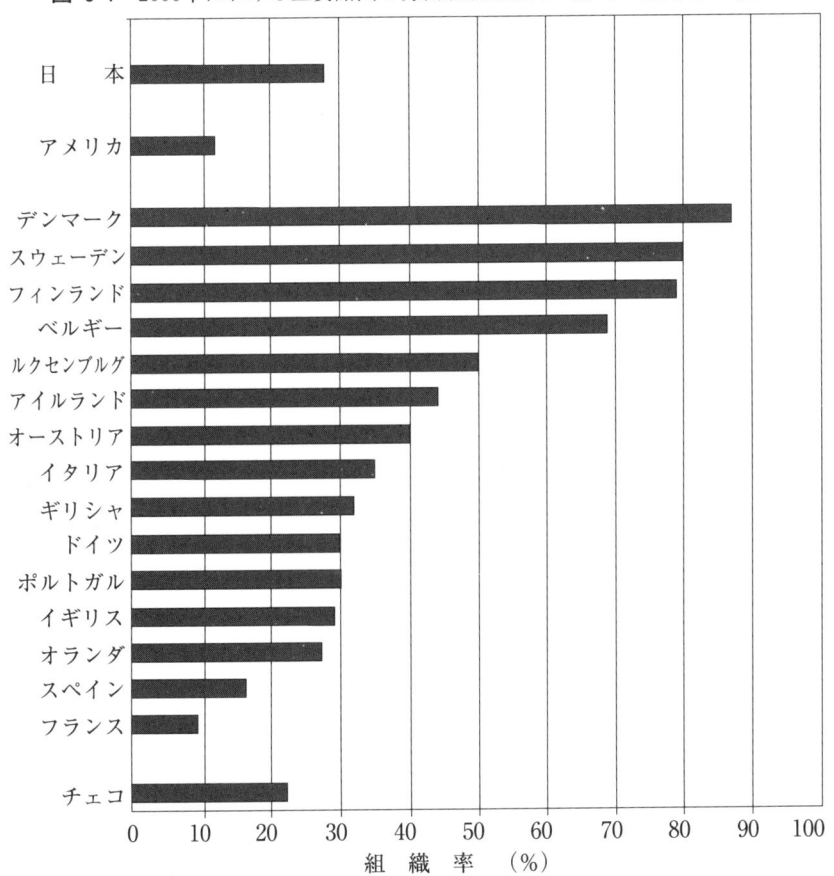

国	組織率（%）
日本	約28
アメリカ	約12
デンマーク	約87
スウェーデン	約80
フィンランド	約79
ベルギー	約69
ルクセンブルグ	約50
アイルランド	約44
オーストリア	約40
イタリア	約35
ギリシャ	約32
ドイツ	約30
ポルトガル	約30
イギリス	約29
オランダ	約27
スペイン	約17
フランス	約9
チェコ	約23

(注)　ルクセンブルクは1998年，ドイツは1998年，ポルトガルは1999年の数値。
出典：Communique 2000/1（EIRO および各国数値）と Pohledy（IVVM 調査）。図の作成は筆者による。

2.2　組合の社会的影響力

　労働組合の影響力はさまざまな表れ方をする。したがってそれは必ずしも一直線的に進むわけではない。チェコモラヴィア労働組合連合（チェコ最大の労働組合全国組織）が1997年秋に世論調査研究所と協力して実施した調査が示すよ

うに，組合の影響力は職場で少しずつ落ちてきたとしても，組合の影響力に対する世論の評価は高まってきている。また，組合の影響力に関する世論はその時々で揺らいでいる。労働組合が強力な社会的影響力，あるいは一定程度の社会的影響力を行使しているという意見は，1996年時点では38%だったが，その翌年には60%に跳ね上がっている（詳しくは Kadavá 1998：5）[3]。また，労働組合の影響力に関する認知と，それに対するポジティブな評価とは，必ずしも一致しない。労働組合を信頼すると答えた人は37%で，労働組合は役立っているという人は64%であるが[4]，このギャップは上記の認知と評価の不一致を証明するだけでなく，参加形態としての組合に対する態度と社会体制内でのそれの適応可能性に関する意識との間の差異を表している。

上で触れた諸事実のすべては，労働組合への参加のフォーマルな面が広く弱体化していることを示しているが，それはまた同時に，労働組合が社会主義時代のような全員加入方式から任意加入方式へという自己変革の過程にあることを示している。労働組合のメンバーはいまや実質的に雇用者全体の中の一定部分を代表するだけものとなってきている。

拙速な結論づけを行うべきではないが，年齢層や学歴水準で違いが表れている。組合員の年齢構成は顕著に変化してきている。若年組合員の数は伸びず (Pleskot 2001)，そのため時を経るにつれて組合員の利害構造は変容し，組合保守主義への傾向も強まる可能性がある。学歴構成からみると，初等教育修了後に職業訓練を受けて育った現業労働者と，高校中退の従業員とが中心という，旧い特徴がそのまま残り，福利厚生活動への関与など，旧来の活動スタイルにこだわる傾向が続いている。しかし，逆の点も考慮に入れなければならない。すなわち，社会体制の変化が組合の活動スタイルに根本的変化をもたらすとき，組合員構成にはどんな結果がもたらされるのか，という点である。

この過程は単純には解釈できない。一つには，労働組合は旧来の活動スタイルと影響力を保持していく，という解釈がありえよう。この解釈からすれば，労働組合がそのような傾向をとるのは，体制転換のもとで劣悪な状況に追い込まれた労働者たちの経験が土台になっているという (Potůček 2001)。しかしこ

の解釈は誤っているか，あるいは部分的ないし一時的にしか正しくないと思われる。なぜならこの解釈は，労働組合の動向をみるうえで組合員の学歴構成との関連を見落としているからである。

社会主義時代には労働者は全員ほぼ自動的に組合員とされていて，自らの利害を守るために組合に入っていたわけではなかった。だから体制が変わって企業が雇用削減を行うと，たいてい労働組合員も減少する。ところが企業が雇用を増やし労働者が多くなっても，組合員の数は増えなかった。そして従業員数そのものが変わらないでいた場合には，組合員数は安定しており，多少の増加すらあったのである。この点は，チェコ最大の労働組合組織の一つである金属労働組合（KOVO）が1990年代後半に行った調査で明らかになっている[5]。

これらの事実は，組合員の数と組合加入の説明が一筋縄ではいかないことを物語る。企業業績が良いか悪いか，あるいは特定の従業員層の状況が恵まれているかいないかという点も，一つの説明の拠り所となるかもしれない。もっとも，何事も起こっていない企業や職場で働いている組合員は恵まれている，ということには必ずしもならないが。

金属労働組合の調査などが示すように，組合加入に影響する基本的要因の一つは当該組合の活動のありかただろう。しかしそれが自動的に組合員の増加をもたらすわけではなかろう。それはむしろ，組合の社会的役割の再構築を促す一因として作用するものなのである。

3. 労働者利害を代表する者

3.1 上司と組合

金属産業も含めて産業部門間で組合の取組みを比較すると，組合加入と組織民主主義の性格に影響するその他の要因がみえてくる。図6-2から明らかなように，金属産業では組合役員は組合をきわめて高く評価しており，他の産業部門における組合の「戦略」とは著しい差異をみせている。

チェコ産業の主要企業の従業員を対象にした別な調査（1999年実施）によれ

ば[6]，自分の属する労働組合は活動的であり労働者の利害をよく支えているという人々が，金属産業では他の産業部門に比べておよそ2倍も多く，労働組合を形式的なものにすぎないとみている者は5割程度にすぎない。

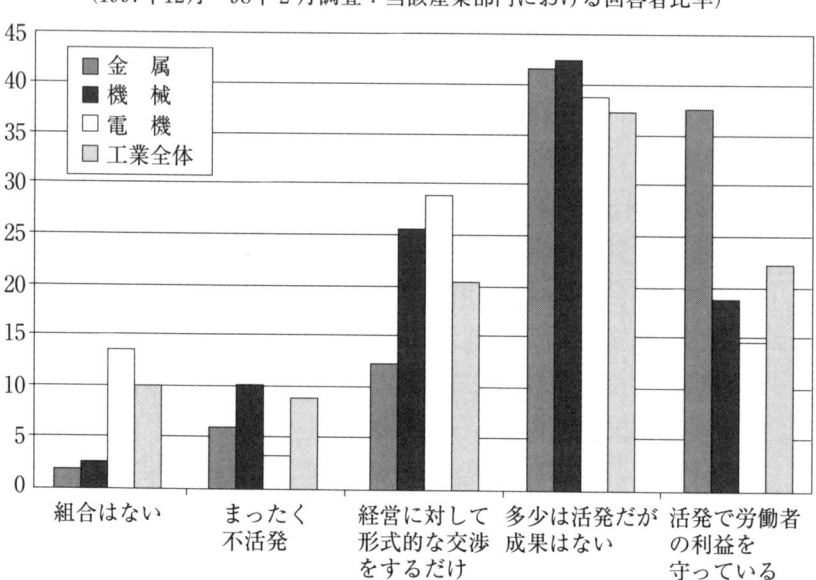

図 6-2 過去3年間の職場における労働組合の活動
（1997年12月－98年2月調査：当該産業部門における回答者比率）

	組合はない	まったく不活発	経営に対して形式的な交渉をするだけ	多少は活発だが成果はない	活発で労働者の利益を守っている
金属	約2	約5.5	約12	約41	約37
機械	約2.5	約10	約25	約42	約18
電機	約13.5	0	約28	約38	0
工業全体	約10	約8.5	約20	約36.5	約21.5

出典：Archive－The research "Changes in Employee Relations"（Archive－Changes1999）．

またこの図から，電機産業の労働者の組合観が金属産業のそれとは対照的であることが見てとれる。すなわち，電機産業の労働者は自分たちの組合は不活発で，経営側とただ形式的な交渉をしているだけだとみている傾向があり，組合を消極的とみているどころか，自分の会社には組合がないと思っている者もいる。

このような電機産業の特徴は電機企業の事例調査でも明らかにされている（Kroupa & Mansfeldová 2001）。この調査は新しい作業編成とチームワークの導入が組合の状況を変えていることを指摘している。そこで明らかにされたのは，企業内の従業員諸層は企業に対してポジティブな帰属意識を持ち，労働者とそ

の直属の上司は利害を共有し，上司もチームの一員であり，部下の利害の主な保護者でもあるとみなされている点である。直属の上司とのこのような関係のもとで作業チームは全般的な権限をそなえ，それゆえ労働者は利害擁護のための場を他に求めようとしない傾向がある。そのため職場では労働者と組合とのつながりは弱くなってしまい，組合の役割はもっぱら福利厚生の利点を守るためにあるものとしか認知されていない。

　これは労働者と組合の関係が企業内で再編成されてきていることを示している。先にふれた調査結果も，企業内での諸変化に人々が適応するのに苦労していると指摘している。しかしその変化が自動的に労働者と上司の関係を向上させるとか，労働組合の存在や組合役員の役割の意義を減ずることになるというのは，やや早計である。チームメンバーと労働組合の結びつきが弱くなるなどと断言することはできない。事実，電機産業における組合所属と組合活動の水準は，産業全体の平均水準からそう大きく乖離してはいない。

　上で触れた諸特徴は電機産業だけでなく他の産業にもあてはまる。つまり，組織のありかたに目立った変化がみられないのである。この点は1999年実施の調査結果からも明らかである（表 6-2 参照）。

　この表から見てとれるように，電機労働者は金属労働者ほど直属の上司に頼っていないが，組合幹部や経営者よりも上司に頼っている者の方が多数を占めている。これは上司と組合とが協力関係にあるからなのか，それとも競合関係にあるからなのか，定かではない。しかし上司への期待と依存が大きければ大きいほど，組合に対する期待と支持が大きいという関係は，たしかにみとめられる。両者の影響力は「あっちかこっちか」の関係にはない。

　われわれの調査結果からみても事例調査の結果からみても，「組合に何を期待するか」は社会全体の変化を反映している。体制転換後およそ10年を経た時点で，労働条件に関して自分たちの利害を主に守ってくれるのは直属の上司だという労働者は60％にのぼり，これに対して組合だという労働者はわずか14％であり，賃金に関しては直属の上司をあげる者が54.9％で，組合をあげる者は8.8％にすぎず，作業編成に関しては上司が76.1％，組合は5.7％である（Kroupa

表 6-2　職場の問題や個人的苦情の解決で頼りになる人
　　　　（当該産業部門における回答者比率）

	金属	機械	電機	10部門全体
上司：				
期待している	72.9	53.9	51.4	58.4
期待はむずかしい	5.6	11.4	15.3	11.6
あまり期待できない	20.1	33.0	31.9	27.7
期待していない	1.4	1.7	1.4	2.3
組合役員：				
期待している	34.0	24.7	24.5	27.2
期待はむずかしい	23.2	27.3	17.5	19.6
あまり期待できない	34.0	38.5	25.9	32.4
期待していない	8.3	13.6	22.4	20.8
経営者：				
期待している	15.9	8.9	25.0	15.0
期待はむずかしい	34.5	27.8	42.4	28.6
あまり期待できない	22.8	21.7	18.1	21.3
期待していない	26.9	41.6	14.6	35.1

出典：Archive–The research "Changes in Employee Relations"（Archive-Changes1999）.

& Mansfeldová 2001：25以下）。企業内では労働組合の地位だけでなく現場監督者の影響力や威信も変化している。これは単なる企業内部の変化だけでなく，マクロ社会の変動の結果でもある。

3.2　経営と労働者

　同じように重要なのは，労働者と経営との関係がどう変わったかという点である。電機企業の事例調査が示すところによれば，当該企業の中で一般労働者にとって経営者との社会的距離の大きさは，組合役員との距離の大きさとほぼ同じ水準にある。同様な発見はわれわれの1999年調査でもなされている。またこれと似た事実は，利害擁護に関する経営者への期待と組合役員への期待を比

較してみると，やはり把握できる。しかし他の産業とくらべると電機産業では経営者との関係は相対的に良好であり，労働者と経営者との社会的距離は小さい。さらに，さきの表 6-2 に示されているように，利害擁護や問題解決を経営者に「あまり期待できない」とか「期待していない」というネガティブな態度は，電機労働者の中では少ない。さきの図 6-2 では電機産業は組合不在の観すら呈しているが，この産業では組合が経営と協調関係に立ち，労働者と経営との結びつきも密だという特徴がある。つまりここでは，労働者は組合員や組合役員でありながら，経営者と近い距離に立っている。

　1960年代末にイギリスの社会学者達が提起したような仕事志向の諸タイプに即していえば (Goldthorpe, Lockwood et al. 1968)，上で指摘した傾向はどんな変化をみせていくか。チェコの諸産業で得たわれわれの調査結果では，体制転換の最初の数年，機械産業や繊維産業を例にとると，「手段主義」的志向が明らかに増大した。電機産業ではやや違った特徴がみられるが，それがいわゆる「連帯主義」的志向か「官僚主義」的志向かの兆候といえるのかどうかは，確言できない。しかし組合加入の観点からすると質的な違いがあるだろう。

　したがって，組合加入の変化と組織・技術・所有・等々の変化との間にはどれだけ強い関係があるのか，またこれら二つの領域における変化は相互にどう作用しあっているのか，という点については，まだ答は出しにくい。しかし労働者利害を誰がどう代表するのか，それはどのように変化しているのか，この問いに対する検討は十分になされねばならない。この変化の内実について，すでに5年前にフィシェラが観察している。そして彼は組合に警告を発して，組合は相対的に独立性をもった柔軟な「産業別構造」をとり，産業内部の連帯と公正な競争がチェコ産業において労働者の重要な「価値」をなすことを知るべきだと主張した。そして彼はさらに，それによって労働組合は有意義な集団的運動を構築することが可能となろうと述べているが (Fišera 1997：3)，そうした営みの中から労働組合の正当性を支持する強力な論議も生まれてこよう。

　こうした状況が出てくれば，その中で顕在的あるいは潜在的な葛藤が現れてくると想像される。ある参加形態は別なそれと葛藤する。つまり本人の責任を

ベースとする直接参加は，責任を介在者に委託して成り立つ間接参加に対立する。ある参加形態の発展は他の形態の組合活動（たとえ「伝統的」なものであれ）を排除することにはならないとしても，ロックウッド（Lockwood 1966)[7]の言葉でいえば「プロレタリア伝統主義」，すなわち「われわれ」と「彼ら」を峻別した闘争的特徴を持ち，労働者内部での共同体的関係に依存した昔風の組合が，もはや成り立ちえなくなっていることははっきりしている。このことはたいていの先進国に共通して明らかであり，中欧および東欧のどの国にもそのような昔風の組合はもはや見当たらない。

4．労使紛争の状況

チェコは「無血革命」で体制変革を遂げた国として評価されているが，だからといって例外的な「平穏なオアシス」だというわけではない。国際比較をしてみると，ときには逆の事実も浮かんでくる。たとえば1997年－98年に実施した調査では，相互理解と協力関係に立つ労使関係を支持する組合役員は，ハンガリーの金属産業では50％を占めたのに対して，チェコではわずか12％，スロヴァキアではもっと少なかった（Ishikawa 1998：22-23, 40）。このような比較から単純に結論を引き出すわけにはいかないが，少なくとも次の点を書き留めておいていいだろう。つまり，チェコの金属労組の役員たちは労使間の意見の相違をいい加減にしない傾向がある，という点である。他方，経営者の意見をみると，たとえば賃金に関して，ボトム・アップのコミュニケーションを基本的に支持するという傾向がみとめられる（Yamamura 1998：50, 72）。また，リーダー格の労働者が職場でインフォーマルな役割を担っている例がハンガリーではよくみられるが，チェコやスロヴァキアではそのようなことは稀有である。

さらに別な観点からチェコの労使関係を探ってみる。ストライキはチェコではほとんど起こっていない。また，ストライキや類似の抗議行動を目的達成の有効な手段だとして肯定的にとらえている労働者は，チェコではわずか12.3％しかいない。他の労働者たちはこうした行動をとることをよしとせず，ぎりぎ

りの状況でのみそれもやむをえないという者が47.8%いるが，残りの者は全面的に拒否している。

　ストライキや類似の抗議行動を肯定する労働者の比率が特に低いのは，電機 (2.1%)，製紙・出版印刷 (4.3%)，食品加工 (6.4%) の分野である。これらの分野では労働者たちが自分たちの企業はうまくいっているとみている傾向がある。また，従業員の学歴水準が高い産業や企業でも，ストなどの抗議行動を支持する者は少ない。いわゆるクーポン方式以外の手段で生れた民営企業（家族企業，個人所有企業，など）でもそうである。このような企業では，ストライキは他所で誰かが起こすぶんにはかまわないが，自分からはやりたくないという労働者が，他のタイプの企業よりも多い（平均21.7%に対して31.5%）。外資系企業ではそのような労働者の比率はもっと低く (7.1%)，ストなどの手段を絶対的に拒否する者の比率が最も高い（平均18.2%に対して28.3%）。

　ストなどの抗議行動に好意的な労働者が比較的多いのは金属産業 (17.9%) と機械産業 (18.3%) である。しかしこれらの産業でもストはほとんど起こっていない。体制転換以降に企業内で深刻な労使紛争を経験したという労働者は金属産業でも14%に満たず，他の多くの産業ではその比率はもっと低い。なお，こうした紛争経験を持つ者の比率が最も高いのは，（縁辺的な産業分野を視野の外に置けば）繊維産業の労働者である。

　最近の調査も同様な結果を示している。チェコの産業労働者の中で，過去に企業内で深刻な労使紛争を経験した者の比率は3.5%にすぎず，小さな紛争を経験したという者は16%，紛争を経験したことはまったくないという者は47%を占め，残りの者は「わからない」と答えている。金属産業と電機産業をまたとりあげると，自分の会社でなんらかの労使紛争があったとみとめる労働者の割合は，これら二つの産業ではともに産業全体の平均よりも小さい。しかし，「そんな紛争があったかどうかも知らない」という労働者の割合は，金属産業では25.5%だが，電機産業では44.5%にのぼる。ここにも二つの産業の特徴が表れている。

　付言するならば，チェコの工業企業では労使間の鋭い闘争は起こっておら

ず，争議が起こったとしてもそれは基本的には交渉の延長版ないし修正版であって，主な争点は賃上げ（回答の34%）と雇用削減（30%）といった「古典的」なものである。

紛争ないし争議が起こったときに，組合はさきにみたような労働者の態度に沿った行動で経営側に圧力をかけるが，表 6-3 が示すように，労働者の多くは係争の解決を闘争よりも交渉で行うのがよいと答えている。

したがって，チェコの労使関係において労働組合は紛争の火種とはみえない。逆にそれは紛争防止の重要な役割を演じている。もちろん立場は組合によって異なり，紛争防止に対する作用も異なる。たとえば自律的チームワークに作業組織の基礎を置く企業のように労働組合の立場が弱まっているところでは，組合はその役割を福利厚生の保障に限定するか，経営側に道を譲って自らは純形式的な地位に退く。それ以外にはまったくの組合不在となるしかないだろう。しかし実際には組合が多かれ少なかれ活発なところの方がふつうである。その場合でも組合が成功裏に交渉を進めるには，組合以外の要因も作用する。

表 6-3 労使紛争の最終解決手段 （労働者の意見：1999年）

	回答比率
労使の交渉	63
仲　　裁	5
スト警告	4
ストライキ	2
裁　　判	2
そ の 他[8]	24
合　　計	100

出典：Archive-The research "Changes in Employee Realtions"（Archivee-Changes1999）．

5. 労働組合と政治志向

　かつての社会主義体制の影響が，いまなお組合の活動と組合員の態度に大きく残っている。これを過小評価したり看過してはなるまい。そのさい，組合と政治との関係について，政治支配の道具としての組合の役割と，現存の政治的圧力に人々を適応させるためのそれとを，区別して考える必要がある。この区別は非常に不鮮明であり無視されがちであるが，次のように例示することができる。すなわち，ちょうど社会主義の時代のように，政治権力は人々を余暇の世界に押し込み，それによって「活動的受動性」を現出させた。政治権力はまた，労働組合を使って職場でそれを補完するような状況を作り出し，組合を大衆的な「受動的活動性」の形態に変えた。労働組合は大多数の人々にとって「実質的参加なしの参加」の場をなした。その中で組合は体制にとっても労働者自身にとっても，あって当然の存在であった。

　もちろん時が経つにつれて，社会主義体制下の組合と今日の組合との間には，連続性よりも断続性の方が大きくなっている。しかしそれにもかかわらず，労働組合活動の政治的特徴は，形は変わっても労働者にとって問題を残しつづけている。労働組合員にとって，自分たちの利害（賃金，雇用，福利厚生など）の経済的防衛と政治的防衛との間に境界線を引くのは容易でない。この境界線は組合員にとって，ふつうに組合員であることと，「多少は政治に関わる」こととの間にあり，多くの者はこの線を越えたがらない。

　政治活動に関わろうという態度（基本的には活動家あるいは役員になること）を示す市民は，数少ない。工業部門で働く人々の場合には，このような態度は他の経済部門で働く人々よりもむしろ少ない。2001年末時点の世論調査では[9]，産業労働者の中で，政治活動に関わろうという人はわずか6.5%にすぎず，これに対して否定的な態度の持ち主は77.5%にのぼる。（なお興味深いことに，政治参加に関心を持つ者が多いのは，恵まれた状況にある経済部門，つまり金融部門である。）この点からみて，労働組合役員として活動できる人材は，けっして多く

はないといえる。

政治的・公共的活動に参加の意思があるかないかでは，人々の社会的政治的「波長」はまだわからない。ここでいう「波長」とは，その国の経済・政治・文化の状況と，当該個人の経験・パーソナリティ・態度とが投射されてできている，一定の質を持った綜合物である。したがってこの「波長」を追究していけば，社会体制の特質や状態と，職場や社会における人々の気質と参加関心とが，もっとよくわかってくる。政治システムの特徴も，社会の中のその他の市民的諸関係の特質も，この「波長」の作用に多かれ少なかれ依存しているからである。

このような「波長」は，表 6-4 で示す政策選好の分布とその変化の中に描き出されている。これは人々の生活戦略の変化と社会体制の変革との関係を示しているが，それだけでなく組合への参加にかかわる困難さをもうかがわせる。

付言すると，今日保守主義選好の産業労働者の13%はかつて政党員で，その大部分は共産党員であった。そして現在自由主義選好のそれも13%はかつて共産党員で，現在社会民主主義選好者の21.5%，現在社会主義選好者の32%もかつての共産党員である。現在の急進主義・無政府主義選好者の中でかつては党

表 6-4　産業労働者（1999年―2001年）と国民全体（2001年）の政策選好

	1999年 産業労働者	2001年 国民全体	2001年 産業労働者
保守主義（「個人責任」「伝統秩序」）	10.8	15.4	13.6
自由主義（「個人的自由」「自由市場」）	26.7	31.7	28.6
社民主義（社会市場経済と民主主義の結合）	42.1	37.5	37.2
社会主義（「連帯」「社会保障」）	15.4	11.5	16.1
共産主義（前体制の成果の強調とそれの改革）	3.0	2.1	3.3
急進主義・無政府主義（現体制とその弊害の批判）	1.8	1.8	1.5
そ の 他	0.3	―	―

出典：表 6-3 と同じ。

員だったものは19%である。なお今日共産主義的政策を選好する者の中で，かつて党員だったのは21.5%である。

政策選考のタイプと組合への参加との間にはかなり強い相関がみられる。組合員の多くは左寄りの政策選好をしており，社民主義選好が44%，社会主義選好が20%強，共産主義選好が4%であり，これに対して自由主義選好は20%強，保守主義選好は11%である。組合役員はもっと左寄りである。その56%は社民主義，20%は社会主義，7%は共産主義を選好しており，他方，自由主義選好は11%，保守主義選好はほぼ皆無である。専従か非専従かを問わず，組合役員の中では右寄り志向は顕著に弱く，それが社民党や共産党の立場を利している。

チェコに限らずどこでも，代表民主主義のシステムをとる労働組合では，一般組合員と役員との間に関心や選好の「算術的なズレ」がありうる。また，組合員内部でも組合参加の目的がまちまちである[10]。就労機会の認知も異なる。就労機会の認知と政策選好との間には明らかな相関がみとめられ，図6-3にみるように右寄り選好の者ほど就労機会が大きいと認知しており，そして組合参加は少ない。この関連は年齢差にほとんど影響されていない（自由主義選

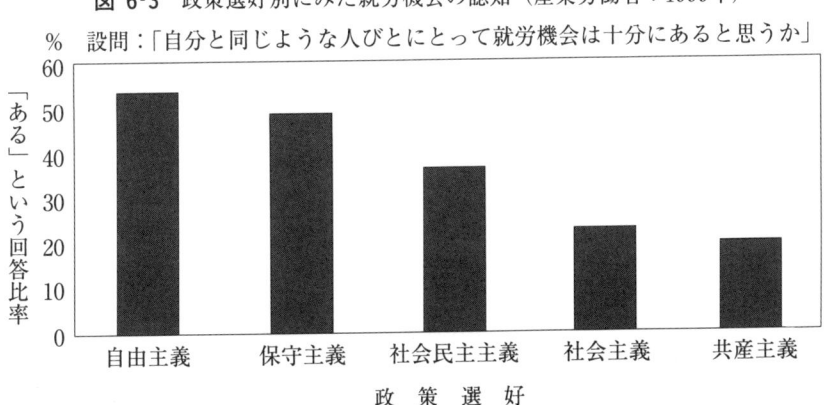

図6-3 政策選好別にみた就労機会の認知（産業労働者：1999年）

設問：「自分と同じような人びとにとって就労機会は十分にあると思うか」

「ある」という回答比率（%）

政策選好	自由主義	保守主義	社会民主主義	社会主義	共産主義
比率	約55	約50	約38	約25	約22

出典：Archive – The research "Changes in Employee Relations"(Archive – Changes1999).

好者に若年層が多いが)。

政策選好のタイプによって組合加入の割合も異なる。社民主義選好の産業労働者の中で労働組合員が占める比率は43%である。しかしその割合は共産主義選好者 (54.5%) や社会主義選好者 (52%) での方が大きく, 5 割を上回る。他方それは自由主義選好者 (33.5%) や保守主義選好者 (37.5%) では小さい。

6. 総　　括

1999年の調査によると, チェコの産業労働者の組合組織率は41.5%で, 全国平均のほぼ 2 倍である。組合組織率は産業部門によって異なり, 金属では46%, 電機では38%, 機械では55%, 自動車ではわずか19.5%である。とはいえこの自動車産業の組織率はほぼ全国平均並みである。組織率は企業間でも大きな差がある。小企業には組合はほとんど存在しない。大企業でも組合があるとは限らない。その他の点でも組合組織率に違いがある。さきにみたように, 政策選好が右寄りか左寄りかでもそれは異なる。

しかしこの政策選好の違いは左と右との決定的な裂け目をなすほど大きくはない。むしろそれは組合が多様な政治傾向を包摂しながら, 労働者の基本的利害を守るための手段として機能していることを意味している。これは労働者だけでなく, 企業の経営者や所有者, さらにはチェコ社会の各方面からの見解でもある。

1) チェコモラヴィア労働組合連合の委託で世論調査研究所 (IVVM, 現在はCVVM) が2000年に実施した調査 (サンプル数 2000) を参照。
2) 世論調査研究所のデータバンクから。
3) 同じ調査から得られた他のデータによれば, その後このような意見は最初の頃の水準に戻ってしまっている (Mišovič 2000)。
4) データ源は IVVM と STEM から。(Kadavá 1999 : 1)
5) この調査は組合幹部の協力を得て1997年12月と1998年 2 月に金属労働組合連合傘下の基礎組織73の役員を対象にして質問紙法で実施した (プロジェクトリー

ダー：筆者)。これは中欧諸国で実施された国際共同調査（コーディネーター：石川晃弘）の一環をなす（石川 1998）。
6) この調査はチェコ共和国のあらゆる基本的産業部門に属する従業員規模250人以上の企業から1,419人の従業員を抽出して実施された「従業員関係の変化」に関する世論調査である。プロジェクトリーダーはイワナ・ホルレロヴァーで，筆者もその調査報告書の共同執筆者の1人。(Archive-Changes 1999)
7) 今日の体制転換後の社会でロックウッドが提起した「プロレタリア伝統主義」「分化的伝統主義」「私化した労働者」という諸タイプがどの程度の役割を演じえているかを追究するのも，おそらく有意義な作業だろう。
8) 「その他」という回答が少なくない（24%）。残念ながらその中身を「解読」することはできないが，この中には上司・監督者または管理者・経営者との直接折衝ということが含まれているのは疑いない。
9) これはカレル大学哲学部調査研究プログラムのもとでチェコ全土の19歳から60歳までの人口を母集団として行われた質問紙法による世論調査（サンプル数1,518）で，プロジェクトリーダーはイジー・ブリアーネクである。(Archive-Agents 2001)
10) 組織への参加には三つの基本的目的があるといわれている（Strauss 1998：8 - 10）。仕事の生産性をあげて報酬も上げるというかたちで，組織の成果に与かろうというもの，自分の尊厳や人間的な生き方を実感したいというもの，自分個人や自分が属する集団の勢力を伸ばすこと，があげられる。これは組合参加に関してそのままではあてはまらないかもしれないが，参考に値する。

参考文献

Communiqué 2002, No. 1, Dublin : European Foundation for the Improvement of Living and Working Conditions.
Fišera, I., 1997, "Vysoce vykonné organizace a odbory", *Pohledy* 4, V. ročnik, ČMKOS, pp.1 - 5.
Goldthorpe, J. H., Lockwood, D. *et al*. 1968 - 1969 : *The Affluent Worker in the Class Structure*. Cambridge University Press.
Ishikawa, A., 1998, "The Organization and Activities of Trade Unions in Central Europe", *Occasional Papers on Changes in the Slavic-Eurasian World* No. 65. Slavic Research Center, Hokkaido Universitiy.
Kadavá, Ch., 1998, "Postavení odborů a pracovní vztahy", *Phledy* 1, VI. ročnik, ČMKOS, pp.1 - 6.
Kadavá, Ch., 1999, "Odbory - jejich postavení a současné šance", *Pohledy* 6, VI. ročnik,

ČMKOS, pp. 1 – 3.

Kadavá, Ch., 2001, "Postavení odborů a jejich aktuální úkoly na základě současné podoby pracovních vztahů : Nad výsledky průzkumu Centra pro výzkum veřejného mín ění", *Pohledy* 3, IX. ročnik, ČMKOS, pp.1 – 6.

Kroupa, A., and Mansfeldová, Z., 2001, "Změny v organizaci práce a postoje k odborů m : Případová studie podniku elektrotechnického průmyslu", Pohledy 1 – 2, IX. roč nik, ČMKOS, pp. 21 – 26.

Lockwood, D., 1966, *The Blackcoated Worker : A Study in Class Consciousness*, Unwin.

McGrew, A., 1992, "The State in Advanced Capitalist Societies" , in : Allen, J. and Lewis P. (eds.), *Political and Economic Forms of Modernity*. Polity Press.

Mišovič, J., 2000, "K roli nepolitických organizací a hnutí po r. 1989 u nás", *Pohledy* 6, VII. ročknik, ČMKOS, pp.1 – 5.

Pleskot, I., 1999, "Názory veřejnosti na současné odbory v České republice", *Pohledy* 5, VII. ročnik, ČMKOS, pp.15 – 21.

Pleskot, I., 2001, "Ted' a tehdy", Pohledy 1 – 2, IX. ročnik, ČMKOS, pp. 37 – 38.

Potůček, M., 1997, "Výsledky výzkumů názoru občanů a představitelů místní zaprávy na sociální zabezpečeni, odbory a tripartitu", *Pohledy* 3, V. ročnik, ČMKOS, pp. 7 – 9.

Chetty, G. and D. Chouraqui, A. (eds.), *Participation, Globalisation & Culture*. Frankfurt : Peter Lang, pp.135 – 151.

Růžička, R., 1997a, "Aktéři, struktury a šance v transformaci společnosti", in : *Společ enské procesy a jejich aktéři*. Prague : Karolinum, pp. 89 – 121.

Růžička, R., 1997b, "Podnikatelská kultura a veřejnost", in : Vláčil, J.(ed.), *Organizační kultura v českém průmyslu*. CODEX Bohemia, pp. 191 – 209.

Růžička, R., 2002, "Participation and Entrepreneurship : After Ten Years of Transformation", in : Szell, G., Chetty, D. and Chouraqui, A. (eds.), *Participation, Globalisation &Culture*. Frankfurt : Peter Lang, pp. 135 – 151.

Strauss, G., 1998, "An Overview", in : Heller, F., Pusic, E., Strauss, G. and Wilpert, B., *Organizational Participation : Myth and Reality*. Oxford University Press.

Yamamura, R., 1998,"Comparative Analysis of Enterprises in Transition", *Occasional Papers on Changes in the Slavic-Eurasian World* No. 67., Slavic Research Center, Hokkaido University.

第7章 移行期の雇用行政

川 崎 嘉 元

1. 本章の課題

　社会主義時代のチェコスロヴァキア（1993年1月にチェコとスロヴァキアに分離）にはタテマエとして完全雇用が実現され，失業者は存在しないとされていた。したがって，失業保険や職業安定所（労働事務所）などの公的制度は必要でなかった。だが，社会主義時代にはたとえ「失業者」はいなくても，働かない人々はいた。たとえばロマ族（通称ジプシー）の中には働かない者が少なくなかった。しかし彼らは失業保険や雇用行政の対象者ではなく，社会的保護と救済の対象として取り扱われた。
　1989年末にいわゆる「ビロード革命」によって社会主義制度に終止符が打たれ，その後の移行期に，政治的民主化・分権化とともに経済の分野における国有企業の民営化と市場経済の導入が進められるようになると，社会主義時代のタテマエは一変し，急激に失業者が生まれ，彼らのための新しい雇用行政が必要になった。1990年に国民議会で採択された法（No.306/1990）によって，その後の雇用行政の実施機関となる「労働事務所」が1990年に設立されることになる。
　この章では移行期の雇用問題を背景とした労働事務所による雇用行政とその実態をみていく。

2. 新しい雇用行政

　チェコでは社会主義終焉後ただちに「雇用政策」の基礎作りが始められた。後に述べる雇用政策の地域における実施機関である「労働事務所」も既に1990年に設置されている。当初から「雇用政策」にかかわる予算は，雇用創出のための「積極的経費」(経費A) と主に失業手当の支給に当てられる「消極的経費」(経費N) に分けられ，経費Nをなるべく少なくして経費Aを増加させることが望ましいとされた。

　社会主義終焉後の移行期の初期には，経費Aによる雇用創出はそれなりに効果をあげ，失業率の低位安定化にも貢献してきた。たとえば1992年には，経費A政策によって127,000人が職を見つけることに成功している。しかし，その後徐々にその政策効果は低下しはじめ，1996年には，経費A政策によって職を得た人は32,000人に減る。もちろんこの間に経費Aの予算額が相対的に抑えられ，経費Nの割合が増加したことも確かである。しかし，1998年と1999年には経費Aは増加しているにもかかわらず，その政策効果は目に見えて向上したとはいえず，政策の費用効果は低下してきている。こうして，失業者の増加に対処するために，さらには経費Aの費用効果を高めるために，新しい雇用政策が必要となった。

　2004年5月に正式にEU加盟を果たしたチェコ共和国は，長い間EUに所属することを願い，また相当期間EU準加盟国であった。そのため，新しい雇用政策はEUのガイドラインに従うことが要請された。次の四つの優先事項からなるそのガイドラインは1997年にルクセンブルグの会議で採用され，1999年に明示されている。①雇用者の雇用能力の改善，②小・中規模企業の発展，③(組織の近代化や柔軟な労働時間の編成などに対する) 経営者とその従業員の努力へのサポート，④両性の機会均等政策。税，教育その他の措置を含むこのEUのガイドラインを，政治・経済の状況が異なるチェコ共和国がそのまま受け入れることは難しいが，それを尊重することはEUからの要請であった。このガイド

ラインに沿って作られた新しい雇用政策を，チェコの労働厚生省のホームページ（2003年11月26日）を参照しながら一覧しておこう。なお，四つの柱それぞれにいくつかの具体的政策が盛り込まれ，その政策のそれぞれに，現状の問題点，政策目標，ターゲット集団，必要な法的サポート，政策の作成と実施に責任を持つ機関が詳述されているが，以下にはその要点だけが示される。

(1) 雇用者のエンプロイアビリティ向上に関わる政策

① 学校教育の改革。学校教育，特に中等職業学校と高等技術教育における技能習得を労働市場の要請にみあうように変える。そのための学校経営と財政の改革。具体的措置として，現場見習い教育の改善，学校経営と財政建て直しへの経営者の参加，1999年末の法改正，国の財源確保と補助金配分方法の見直しなど。

② すべてのレベルの学校における新科目「職業選択」の必修化。そのための具体的措置として教員の再教育。なお，教員，生徒，親の間で常時労働市場に関する情報が共有されている状態を目指す。

③ 雇用者の所得水準を（貧しい家庭に与えられる）社会保障給付よりも高く維持すること。そのために最低賃金のレベルを上げ，さらに雇用継続を可能にする作業環境の改善を行う。チェコ共和国では1999年1月にこれまでの最低賃金を22.6％高くする（3,250コルナ）法案が通過したが，そのあとでも最低賃金は成人1人当りの生活保障給付の83％にしかならない。将来的にはもっと高くする必要がある。当然その財源は国家予算である。もとよりヨーロッパでは最低賃金が生活保障給付より低い国はない。

④ 「雇用サービス」に関する法的，組織的，財政的仕組みを改め，労働市場の要請に臨機に対応できる責任体制の確立。現在の法的枠組では，労働事務所に登録された求職者の要求にしか応えることができず，財政的支援もそれに限定される。したがってそれ以外の転職希望者や登録されていない失業者の要求に応えるような制度的仕組と情報の整備が必要とされる。

⑤ 積極的な労働市場政策（上記経費A）予算の拡充。主に労働事務所が行う雇用創出事業への予算は少なく，1998年を例にとると登録失業者の8.9％しか参加できないし，採用増加のために経営者に支払われる補助金にも期待される予算措置が十分に講じられていない。1999年度の積極的政策への予算（経費A）は144億3,000万コルナで，国の雇用政策全予算の19％を占めるが，2000年にはそれを30％にまで高める必要がある。

⑥ 移民労働者の雇用を労働市場に合わせるようにし，不法なビジネスや不法な雇用を許さない措置。好況期ならともかく，経済停滞期には移民労働者の処遇は大きな問題となる。経営者はコスト削減のために低賃金で移民労働者を雇おうとするが，それがひいてはチェコ市民の労働者の低賃金化につながり，さらに彼らを社会給付受給者にまで追いやる状態が生まれる。現在の「雇用サービス」システムでは，移民労働者の流入や彼らの税金逃れに対処する手段を持たない。早期に移民労働者の流入を規制し，移民労働者を労働市場が必要とする雇用数に制限すること，労働契約に従うこと，彼らを不法に雇用する経営者に対する罰則などの措置が必要。

⑦ 身体障害者の雇用促進とそのための財源的措置の充実。現在の雇用サービス行政は，身体障害者の雇用を十分考慮したものになっておらず，また十分なリハビリ施設もなく，リハビリ・サービスと雇用政策が結びついておらず，事実上彼らを労働市場から追放してしまうようになっている。したがって，職業的リハビリ，安全な職場の確保，障害者雇用にあたって使用者へのローン，補助金，税制優遇などの対策を統合したリハビリ・サービスの確立が必要になる。また現在は障害者の規定があいまいで一般的過ぎるので，より明確にし，労働市場に参加できる障害者の増加を求めるべきである。

⑧ 長期失業者，とりわけロマ族の人々への対策。技能を欠く若者，ロマ族の人々，障害を持つ人々および高齢者は，長期失業者となりがちであり，失業手当をもらう資格もなく，生活保護や不法な臨時雇いによる収

入に頼る生活をしている。したがって彼らを再社会化し，仕事への動機を与え，訓練を施し，雇用につなげる一貫したサポートシステムが必要である。特に技能訓練には身近な場所で特別のコースを用意する必要もある。

(2) 起業家の養成，投資の促進，中小企業の育成

① 雇用を促進するために投資を促す政府の決議の実行。近年の不況と失業率増加の一因は，国内外，特に外国からの投資が少ないことにある。したがって，すでに政府が決議している投資を増加させるための政策を緊急に実施する必要がある。投資を促すための措置として，投資家への免税，土地の提供，雇用創出への補助金，訓練・再訓練費用の負担などがあり，失業率の高い地域への投資にはさらなる優遇措置が用意される。

② 政府決定に基づく工場団地造成計画の実施。投資家は，投資にあたって，所有権の明確化，不当なリスクの回避，計画の迅速な実行のほか適切なインフラの整備を求める。政府の決定は，従前の低水準の環境整備ではなく，適切なインフラ計画を持つ工場団地の迅速な造成を求めている。工場団地を持つ市町村には無利子の融資がなされ，投資家への土地の売却価格は低く設定される。

③ 経済停滞地区あるいは構造調整地区での中小企業の育成と事業の喚起。経済停滞地区や構造調整地区では，雇用促進政策を進めるための財源が乏しいので，これらの地区で事業を起こそうとする企業家や，立地や事業の拡大を考える従業員250名以下の中小企業には，政府やEUから特別の財政支援が行われる。その利用の促進に努める。

④ 中小事業主のための経営相談と教育訓練の提供。社会主義終焉後に誕生した多くの中小企業は存在感を増し，多くの企業が安定した経営を続けてきた。だが他方では，経営のノウハウや技法の習得の機会が乏しい状態が続いている。そのためには学校教育で経営の基本を教え，経営訓練のコースを用意すべきである。さらに各地域において，地域経済発展

計画の中に経営相談の提供をきちんと位置づけることが望ましい。

⑤　身心障害者への雇用機会の公的斡旋（公的機関によるいわゆる失業対策事業）をより充実すること。

⑥　市場経済にいまだ順応できず，構造的調整を余儀なくされている特定企業に，所有権の移動＝私有化への円滑な移行，負債の帳消し＝破産の防止等を含む財政的支援を行うこと。その支援は商業銀行の姉妹企業として作られる予定の「再生機構（Revitalization Agency）」との契約に基づいて行われる。

(3) 作業組織の近代化や労働時間の柔軟化などで経営者および従業員の努力をサポートすること。

①　経営者と従業員双方の移行に留意しつつ，職場組織と労働時間を柔軟に変更できるような条件作りを支援すること。現在大部分の企業の作業組織および労働時間の編成は，経営者および従業員の要求を十分に満たすものになっていない。たとえば労働時間の使い方は硬直しており，足りない時にだけ残業でお茶を濁すような状態がふつうであり，市場の需給変動や季節調整に柔軟に対応できていない。パートタイム労働，ワークシェアリング，契約労働など柔軟な労働時間対策がとれるヨーロッパの先進国と比べると，チェコでは立ち遅れが目立つ。その解決のためには，労使が交渉して，新しい協定に辿り着けるような条件を整備すべきである。労働時間の柔軟な再編をとおして，最終的には残業を減らし，労働時間全体の縮小を図り，新たな雇用の創出につなげるようにしなければならない。

②　経営者が競争力をつけるために従業員の訓練を組織的に行うように鼓舞すること。市場経済においては，労働者の技能を製品市場の要求に絶えず順応させる必要が生じるが，そのためには労働者の技能を訓練する機会を常時組織しておかなければならない。このことは特に中小企業において必要とされる。そのためには訓練コストを必要な経費としてたえず計上することが要請され，製品の変更や新技術の導入の際には労働者

の再訓練に公的な財政支援も行うべきである。
(4) 労働市場における性差別をなくし，男女平等の原則を確立すること。
  ① 性差別だけでなく，労働市場における他の差別，たとえば民族，健康，年齢等による差別など，すべての差別をなくすための法と制度の整備。
  ② 社会的・文化的偏見のために，労働市場で雇用機会を持てず，本人のもつ潜在的な才能，技能，知識が生かされない事態があるとすれば，その実態を調査・研究し，彼らに対する不当な取り扱いをやめさせること。
  ③ 労働市場における差別に対するモニタリングの実施。
  ④ 性別賃金格差の是正。そのための監視機能の強化と法的措置の強化。

3. 労働事務所の設置とその活動

3.1 設立過程

労働事務所は，社会主義崩壊後の経済改革，すなわち市場経済の導入と国営企業の民営化に伴う労働市場の形成を促進するために，1990年に設立された。

チェコの全国的な雇用行政に責任を持つのは中央の「労働厚生省」(英語名 Ministry of Labor and Social Affairs) であるが，その実施のためには労働事務所 (英語名 Labor Office) とそのネットワーキングが必要になる。したがって労働事務所は労働厚生省の一部門に位置づけられる。

チェコ (1993年1月以前はチェコスロヴァキア連邦共和国) における雇用サービス行政の進め方は，雇用に関する1990年10月4日の連邦議会の法律，および雇用とそれに関する行政当局の活動を規定した1990年12月19日のチェコ国民議会の法律によって根拠づけられた。

チェコ各地における労働事務所の発足は，労働厚生大臣 (当時ミラン・ホラーレク氏) による労働事務所長の任命日であるが，その第1号はクラドノ市の労働事務所であり，1990年10月10日であった。そして合計76名の所長が任命され

たが，その最後はホドニーン市であり，それは同年の11月7日のことであった。

労働事務所の設立にあたって，そのモデルになったのはドイツの制度であったが，単なるドイツのコピーではなかった。したがって，労働事務所のコンピュータ利用による効率化，ネットワーキング，とりわけ職員の研修にはドイツだけでなく，イギリスや北アイルランドからの支援もあった。設立の当初は，コンピュータの技術もなければ，専門職員もいなかったという条件のもとで，労働事務所はスタートしたのである。

3.2 設置場所

労働事務所は当初76事務所でスタートしたが，1996年1月1日にイェセニークが加わり，2000年現在77の事務所が存在する。また，雇用問題を抱える住民のアクセスを考えて，合計56の支所が置かれ，そこで116名の常勤スタッフが住民サービスの仕事に携わる。また緊急の事態，たとえば大規模なリストラが行われたときには，適宜一時的に事務所を（たとえばリストラ企業の敷地内に）設置することができる。

労働事務所が置かれる地域の単位は，ほぼ地方行政機関がある「地区」（Oblast）に対応する。首都プラハの場合は10地区に事務所が置かれている。また法的には，労働事務所は独立の組織であるが，所長の任命と解雇は労働厚生省の大臣によって行われる。なお，労働事務所の職員や雇用サービスに携わる職員の研修センターが，パルドゥビツェ，ピーセク，オロモウツの三つの事務所に付設されている。

3.3 業務内容

労働事務所の仕事は大まかにいえば，求職者に適切な仕事を見つけること，そのための職業案内を提供すると同時に，専門職能の訓練や再訓練の機会を提供すること，職が見つからない人に失業手当を給付すること，失対事業の提供，国の雇用政策のためのモニタリングと情報の提供および労働法の遵守を

励行させることである（労働事務所設立時の労働政策と労働法については，西沢1994）。またその財源は主に使用者と雇用者が毎月支払う「雇用基金」と税金でまかなわれるが，雇用基金には2000年の時点で，従業員の月額給与の2.2％を使用者が，1％を雇用者が支払う（合計3.2％）仕組みになっている。労働事務所の業務のうち，上述の経費N＝消極的経費の大部分を占める失業手当業務と，経費Aに該当する雇用創出業務および労働法遵守業務について，やや詳しくみておこう。

① 失業手当。失業手当は，労働事務所に登録された求職者のうち，彼らが求める職種が見つからずに7日間を経過した場合に支給される。ただ労働事務所へ登録する時点以前の過去3年間に少なくとも12ヵ月以上働いていなければ，支給対象にはならない。支払われる失業手当は最初の3ヵ月間が過去の月収の50％，その後の3ヵ月間が過去の月収の40％である。ただし国が規定する国民の最低生活水準の2.5倍が上限である。また労働事務所が提供する職業再訓練コースを受けている場合はその上限は2.8倍になる。

② 雇用創出業務。この業務はいくつかに分かれる。第1に，経営者が要求する高い技能を身に付ける，あるいは労働市場が要求する適切な職種とその技能水準を獲得するために，労働事務所は労働者の再訓練に責任をもつ。再訓練期間中は毎月4,500コルナが支給され，そのほかに社会保険料もプラスされる。第2は，私企業主の養成である。労働事務所は，事業主になりたい希望者を対象に必要に応じてさまざまな職種のコースを用意する。第3は，新卒者を対象にした職業訓練コースである。すでに述べたように，新卒者は学校で身に着けた技能だけでは職に就くのが難しいので，労働事務所は労働市場の要求に合わせた訓練機会を提供する。なお，新卒の失業者を雇用する企業には12ヵ月間に限り特別に1人当り4,500コルナがその給与分として支給される。第4は，地元の市町村と連携した，公園や公共墓地の清掃のようないわゆる「失業対策事業」の提供である。なお，労働事務所は定期的に地元の企業や労働組合（その代表者）と定期的

に会合を持つ（ときには三者協議会の形で制度化されている）ので，リストラや求人の情報には不自由しない。なお，失業者に職を提供した雇用主には2年間「雇用助成金」が与えられるが，この間に解雇した場合はペナルティが課せられる。

③ 労働法の遵守。労働事務所には地元の企業に労働法を遵守させる役割がある。通例問題となる企業は大企業ではなく，中小零細企業である。係争点の多くは，超過勤務時間（年間150時間まで），最低賃金制，外国人労働者の雇用と解雇通告などである。労働法では解雇通告は，3ヵ月前に労働事務所に提出されなければならないが，それを守らない，あるいは守れない中小零細企業が多い。

4. 労働事務所の事例観察

以下は，2000年9月に実施したいくつかの労働事務所での面接記録をまとめたものである。

4.1 ホムトフ (Chomutov) 郡労働事務所

この事務所での面接は二回目であり，最初は1994年に行われた（詳しくは川崎 1999）。

① 経済環境。この地域は基本的に工業地帯であるが農業が並存している。鉱業もまだ残っているが衰退の一途にあり，山岳地帯には仕事はない。郡の人口は約12万人で，そのうち経済活動人口は6万1,000人である。中心部であるホムトフ市の郊外には三つの町があり，それぞれ人口6,000人，1万8,000人，1万6,000人の規模である。政府（産業省）の北ボヘミア開発計画では，外資を導入して300人以上の新規雇用を見込んでいる。ドイツに近接しているのは好条件であるが，場所によって状況は異なる。かつての東ドイツに隣接する町には雇用面では良いチャンスがない。

② 失業率と雇用構造。失業率は1990年代を通じて上昇してきた。調査時点

現在の失業率は16.3％で，チェコの労働事務所中2番目に高い。とくに1996年からの企業合理化によって急上昇した。ホムトフ市の東に位置するモスト（Most）地区の失業率が，最も悪い。最近，複合メタル企業で5,000人が解雇された影響が大きく，また鉱業でも人減らしが進んでいる。この郡の主力企業である発電所も問題を抱えている。将来原子力発電所を作る構想もあるにはあるが，将来的には6,000人の削減が見込まれている。近い将来この郡の失業率は21-22％になるという悲観的予測が出ている。

1996-97年ごろから失業者が急増した背景には，それまでいろいろな規制が働いていた企業の合理化が，1996-97年を境に企業自身に任されるようになったという事情がある。すなわち，民営化が1996年に終了し，新たなオーナーが何でもやれるようになったことが影響している。さらに，1990年代の初期に比べると，サービス業への参入が困難になってきたことも理由の一つである。その結果，ある分野の衰退を他の分野の成長で補うことが難しくなった（なお，求人率はチェコ全体でみると昨年は44分の1であったが，今年はやや改善されて26分の1になった）。

もちろん，産業分野には衰退する分野がある一方で伸びている分野もあり，産業分野の二極分解もある程度見られる。大まかにいえば，工業（低下），農業（安定），建設（上昇），サービス（約3倍に急上昇）に分かれる。サービス業の雇用者は1990年代に急増した。だが，雇用の増加は，まだ雇用減には追いついていない。

失業者の内訳については，毎年四半期ごとに統計を作る。それによると，30歳以下の若い労働者が失業者全体の40％を占め，学歴では初等教育のみの終了者がその44％，中等レベルの技能資格取得者がその37％を占める。女性の失業者は男性を若干上回る。失業期間をみると，1年以上失業している人が42％で，3ヵ月以下の失業者は20％である。総体としては，失業者の問題として，①低い就労動機，②低い学歴水準，③身体的な問題の三つが指摘できる。

③　新しい工業。衰退傾向にある製造業でも，新しく成長が見込まれる業種

もある。自動車製造，電機製造，軽産業，繊維，外国（特にドイツ）からの投資がある小企業などがそれである。たとえばドイツのコンピュータ部品製造業は従業員が180から523人にまで増え，イギリスやカナダから資本が入ってきた会社ではすでに200人の新規雇用があり，近い将来400人にまで拡張される予定である。ここ2年間に1,200の新しい職が生まれた。外資の導入については，労働事務所よりも地方自治体の方が詳しい。また自治体の努力で，人口1万6,000人のクラステレッツ（Krasterec）ともう一つ別の場所の計二ヵ所に，町主導で新しい工場団地を作る計画が進んでおり，そこが主に外資導入の受け皿になる。しかし外資導入をクラステレッツのような小さな町が単独で行うには無理がある。ホムトフのように大きい市は，自治体自身が，あるいは国を介在して，外国の企業と直接交渉できるが，クラステレッツのような小さい町ではそうはいかない。したがって当面，町はただオファーを提供しているだけである。今後は①国の支援，②市による立地場所の整備，③労働事務所による人材の選択といった有機的連携が必要になる。たとえば，ドイツの資本が入っているマグナ社の場合は，労働事務所が会社と契約して技術者の再訓練を行った。

④　労働事務所の政策と予算。予算の46％は雇用創出のための「積極的政策」（＝経費A）に使われる。国全体の「積極的政策」に使われる予算は30％なので，国の平均を上回る。特に小事業主への支援はチェコ全体の平均よりとりわけ高い。その結果1990年代には，小事業主が2,000人誕生した。また，小さな村の人々のためには，村が公共事業として仕事を提供し（これまで6,000人が雇用されてきた），それを労働事務所が財政的に支援している。そして，残りの54％が失業手当等の「消極的政策」（＝経費N）に使われている。

「積極的政策」の一部には，新規学卒の職探しを支援する政策が含まれ，90年代に1,700の仕事が提供された。職業再訓練のコースも「積極的政策」の一部である。この事務所に多くの機関や団体が登録し，すでに1,800名の労働者が再訓練されている。労働事務所への申し入れは事務所が所属す

る郡 (okres) 以外からも可能なので，労働事務所間に競争がある。障害者のための支援も「積極的政策」の一つである。すでに18の福祉作業所をつくり，それに対する財政支援を行っている。一つの作業所を創設すると，労働事務所から80,000コルナが支給される。労働事務所によっては，100,000コルナ出すところもある。また障害者を採用する企業にも，年間40,000コルナの補助金が提供される。

⑤　地区の協議制度。ホムトフ郡に「使用者連盟」があり，その代表者と労働組合の代表者がメンバーとして参加する協議機関がある。労働事務所はそのメンバーである。これは，労働組合から2名（鉱業と発電所），雇用主2名，労働事務所の代表2名，障害者の団体から1名，ホムトフ市長，郡地方局の社会福祉部長から構成される。なお，新たに学校代表も加わる予定である。この構成は適宜変更することができる。

　　労働組合と労働事務所の連携は，企業に労働法を遵守させるためにも必要になる。労働組合から要求があれば，事務所は賃金や労働時間について企業経営者と交渉する権利を持つ。一般の労働者は交渉するための力量を欠く。ただし，労使紛争には事務所は介入せず，労働法違反の取締りと罰則の適用のみを行う。

⑥　今後の政策と雇用行政。労働事務所の実際的な仕事としては，a. 失業者の技能水準の適切な把握と評価，b. 労働市場が要求する必要な技能取得へのアドバイスが必要になる。これは自営業者の育成にもあてはまる問題である。重要なのは職業教育のあり方である。国は言葉では「必要な仕事はこれこれである」と指示するが，中等職業訓練学校の現状ではそれに応えるのは無理である。そこで労働事務所はインターネットを利用して，テキスト，教材などの情報を提供すると同時に，どこで学べば必要な資格が取れるかという情報まで提供する。そうすれば，わざわざ労働事務所まで足を運んでもらう必要はない。今後は古い教育訓練のイメージに対する挑戦が必要になる。国からの指示もそういう方向に進みつつある。すなわち，a. 職業再訓練コースの提供と，b. 学校教育をもっと柔軟な仕組み

に変えていく方向である。a. の再訓練コースは，学校だけでなく，私的な機関や公的な組織によっても用意されつつあり，コースの種類は200-300にもおよぶ。労働事務所は希望者に適切なシステムを紹介するだけである。

4.2　ナーホド（Náchod）郡労働事務所

① 失業率。ナーホド郡が所属する県の中心都市はフラデッツ（Hradec）である。この労働事務所は，フラデッツ県内のナーホド，ブロウモフ（Broumov），ヤロムニェシュ（Jaroměř）の三つの地区をカバーしている。ナーホドの事務所が中枢である。なおヤロムニェシュには二つの分所が置かれている。失業率は2000年8月の時点で，チェコ全体では8.7％，この三地域全体の平均は5.1％である。ナーホドが3.8％，ブロウモフが6.9％，ヤロムニェシュが6.4％である。ここ10年間ほぼ同じ傾向にあり，相対的に雇用情勢はよい。失業者の構成は，19歳から24歳までの若い人で高く，失業者全体の26％で約4分の1以上を占める。また男性より女性の失業率が高い。大学卒業者には問題はない。この地域の約5％（3,186人）の失業者のうち5分の1（700人）が12ヵ月以上の長期失業者であり，45％が6ヵ月以上の失業者である。失業率の推移は全国的動向に類似している。

　なお，隣国ポーランドとの国境近くの町，たとえばクウォッコ（Kłodzko）あたりの失業率は20％に達しており，旧東ドイツの国境沿いの町でも18-20％の失業率であるので，ここは相対的に恵まれている。

　ここにロマ族が何人住んでいるかは公式の統計上でも不明だが，彼らの多くが長期失業者であることは間違いない。

② 雇用情勢。経済活動人口は三つの地域全体で5万3,000人である。ブロウモフには繊維産業があり，シュコダ自動車の部品を生産するVDOという会社もある。また，農業も盛んである。

③ 技能訓練。労働者の技能の再訓練には労働事務所も責任を持つ。経営者が要求する高い技術に応えるために71名の労働者の再訓練を請け負ってい

る。彼らの大多数は中等技術学校の卒業者である。中には大卒もいる。技術学校卒で再訓練を受けるものは，大体6－9ヵ月で仕事をみつける。再訓練期間中の12ヵ月間は1人当り毎月4,500コルナが賃金サポートとして与えられ，その他に社会保険料もプラスされる。義務教育だけしか受けていない低技能の若い人達（15－18歳）は仕事をみつけにくいうえに，技能の再訓練がむずかしい。新卒失業者を雇用した企業には15－18歳および19－24歳の間の12ヵ月間だけ1人当り4,500コルナがその給与分として支給される。最低賃金は4,250コルナなのでそれを若干上回る。なお，長期失業者（技能水準が低い）の財政的支援は家族手当と社会給付である。また，病気で仕事ができない人には別の支援システムがあり，最初の3ヵ月は正味賃金の50％，次の3ヵ月が40％支給される。最低生活水準に達しない場合には労働厚生省から社会給付が与えられる。

④　予算。予算は雇用の拡大を目指す積極的政策のための経費（経費A）と失業者救済のための手当である消極的経費（経費N）の二つに分かれるが，前者の2001年度予算は2,000万コルナである。後者は失業者の趨勢により変化するが，前者よりも予算は多い。失業率の高いところは後者の予算がそれなりに高くなる。しかし，失業率の高い大都市オストラヴァでは，雇用開発のために新規プロジェクトを設けているので，相対的に前者が高くなる。この予算は税金と雇用基金でまかなわれる。雇用行政だけでなく年金をめぐっても，その財源を税金でまかなうか，基金でまかなうかの議論がある。

⑤　外国人労働者。国境が近いポーランドからは約400名（ほとんどが女性）の労働者がこの郡の繊維産業で働いている。賃金水準が低く抑えられている。ウクライナからの労働者は303名で，主に建設現場で働いている。そのほかに中国人，マレーシア人，台湾人が若干おり，ベトナム人労働者は公式には2名となっている。ウクライナ人の場合は，不法就労者を防ぐために両国政府の協定があり，働ける労働者数には限りがある。ポーランド人の多くは協定によらず，ポーランド国内の広い範囲からチェコ領内に通

勤してくる。ポーランドの女性は1950年代から，または祖母の代からチェコで働いており，言葉の障害がないので，国際結婚もみられるが，彼女らの賃金はかなり低い。

⑥　三者協定。民間機関として商業会議所があるが，地元で正規の三者協議制を作るのは難しい。EU からの要請で県のレベルでポーランドとの協力プロジェクトがある。

⑦　労働法の遵守。労働事務所には，地元の企業に労働法を遵守させる役割がある。現在もいくつかの係争事例を抱えているが，いずれも零細・小企業での問題であり，解決のために議論を継続している。大企業には問題がない。問題になるのは不法外国人就労者の雇用と解雇通告に関わる問題である。労働法では解雇通告は 3 ヵ月前に労働事務所に対して行わなければならない。労働事務所は解雇された人間の再雇用先をみつける手助けをするが，この法を守らない小企業がある。調査時点で問題になっていたのは，ブロウモフにある繊維工場とナーホドにある繊維工場であるが，この二つの工場は時々法を破る。レイオフされる労働者をサポートする制度があるが，この事務所ではまだ例はない。

⑧　自営業者の育成。この事務所から，すでに41名の事業主が誕生している。3 ヵ月のコースを終了して，事業を開始する時に事務所が資本金を援助する。その後成果が得られるかどうか 2 年間見守る。

⑨　市町村の失対事業に補助金を出している。仕事を求めにくるのは調査時点で全部で19人だった。

⑩　ホームページ。チェコ政府は労働事務所にホームページを持たせる方針であり，そのために80億コルナの予算を計上している。当労働事務所のサイトは，www.upna.cz である。（ただし，2004年現在では，各労働事務所のホームページに接近することはできないようだ）。

4.3　フリンスコ（Hlinsko）労働事務所

①　失業率。調査時点現在の失業率は9.6%である。調査の前年は最悪であ

った。というのは，エレベーターを作る大きな会社トランスポルタがつぶれてしまったからである。この会社は，10年前には4,000人の雇用者がいたが，1998年には1,500人に減り，1999年にはとうとう誰もいなくなった。フリンスコの中心部の失業率は6％であり，この郡全体の平均よりはよい。ただ郡全体の失業動向はチェコ全体の動向を反映している。1990年に労働事務所ができた時には，失業者は250名，失業率は0.05％であった。1991年に民営化が始まる。まずはじめは小さな会社と農業の民営化であった。そして1991年末の失業者は2,000人で，失業率は4％であった。その後1994年までは，全国平均の3％の失業率とあまり変わらなかった。1995年時点でもこの地区の失業率は4％前後であったが，その後過剰雇用の削減が始まる。そして民営化終了後の合理化が1996年まで続き，失業率の上昇が大きな社会問題になりはじめる。他方この間賃金は高くなった。結局この時期の特徴は高賃金，低生産性，高失業率に代表される。さらに1995年から銀行も方針を変えたために，1996年以降も年1％ずつ失業率は上昇していった。その結果，この地区では2000年に9.6％になった。1996年には身体障害者の失業率も高くなったために，その後法律が作られ，障害者は保護されるようになった。1999年には，この地区で一つの仕事に4名が競い合ったが，2000年にはやや改善され2名の競い合いになった。

　調査時点の失業者総数は6,000人であるが，求職数は200に過ぎない。とくに郊外地域で問題が多い。たとえば機械産業の一部門が他の部門に吸収されてしまった。性別では失業者は男女半々であり，年齢別には大きな特徴はない。失業期間は，60％が6ヵ月以内の失業者で，40％がそれより長い失業者である。そのうち1年以上の失業者は10-20％である。また失業者全体の17％が新卒者であるが，大卒者には問題がない。なお，新卒者を採用した会社には6ヵ月間，4,000コルナプラス社会保険負担分が補助される。

② 「積極的政策」（経費A）。昨年度積極政策に使われた予算は2,700万コルナである。政策のプログラムは他の労働事務所のそれと変らないが，新し

いプロジェクトとして，a. 身体障害者の子弟の保護活動，b. 外国人労働者の言語支援活動がある。この地区では，カザフスタン，ウクライナ，ポーランドからの約50名の労働者が建設，農業，繊維で働いている。

　新期雇用開発事業として，新しい事業主養成コースがある。銀行からの人も講師になり，どのような分野が仕事を必要としているかを説明してくれる。この地区は前述したトランスポルタ社の倒産により再訓練を求める人が多い。EU のファーレン社からの援助もある。特に経済学コースを二つ設けてあり，それぞれのコースに各16名（合計32名）が参加している。コースの一つには他の地区からの参加者もいる。今までの卒業生のうち85％が新しい事業主（ペンション，ホテル経営など）として巣立ち，残りの15％が新しい職を得た。

③　新しい雇用。外国からの投資や提携が進んでいる。スイスからの投資を受けている会社，またドイツからの投資がある会社もある。さらにカナダの資本でチェスキー・モビールという新しい会社ができ，また家具製造にはドイツのパートナーが誕生している。

④　事務所会議。年２回，労働厚生省のもとで全国会議がある。そのほかに県レベルの会議もある。さらに類似した問題を抱える事務所同士だけでの会合もある。全国会議の議事は，今年最初の会議の例では，a. 今年の活動方針，b. 情報交換であった。労働厚生省は社会政策，セキュリティ，雇用全体に責任を持つ。労働厚生省のホームページは www.upsv.cz である。この郡の労働事務所全体では50名の職員が働いており，フリンスコでは４名の職員が働いている。失業と雇用動向は毎週分析している。また，EU のサポートによる NUTS と呼ばれる県の発展計画があり，それを「開発基金」の名目で労働事務所が財政支援している。

⑤　他の組織との連携。労働事務所には諮問委員会があり，その構成員は全部で６名である。内訳は労働組合から３名，雇用主から１名，郡の役所から１名，地元の地方自治体から１名である。また学校とは頻繁に会合がもたれる。労働事務所の情報が学校を通して，生徒の父母に伝わる。

4.4 ターボル（Tábor）労働事務所

① 失業率。ターボル市の人口は5万3,000人である。調査時点現在の失業率は5.3％で，失業者は3,000人（うち200人は6ヵ月以上の長期失業者）であったが，この年300名減少している。性別では，女性51％，男性49％である。障害者に失業者が多く，その11％を占める。新卒者の失業者も多い。この地区にはリストラを迫られる独占的な大企業がない。失業率が相対的に低いとすれば，その一因は労働事務所の政策の成功にある。労働市場にあう仕事の再訓練が功を奏している。

② 産業構造。この地区最大の会社はスロンと呼ばれるポリエステル（ナイロンストッキング）を作る化学産業の会社である。その会社の雇用者は調査時点現在1,000人であるが，数年前までは2,400名が働いていた。次に大きいのが，コヴォスヴィエト社である。そのほかに食品，繊維，電機，家具（ドイツに輸出）の会社がある。500人から1,000人までの雇用者を抱えている。それでも退職と新規雇用により雇用者の中身は徐々に変化している。労働事務所は雇用主にモニターリングをして，雇用のプロ集団として，失業者や転職者に適切な仕事の助言をする。いいかえれば，雇用主と求職者の仲をとりもつ。そのためには雇用主の必要とする技能の再訓練が必要になる。

しかし，新しい仕事は，失業手当と大して差がない低賃金の場合が多く，仕事に就いてもすぐ辞めて，長期失業者になってしまう可能性が高い。この人達には心理療法をはじめとして，何らかの意識革命が必要になる。そのためにグループに分けて，コンサルティングする。たとえば，子供を生んだ女性を1グループにして，さまざまな職業を紹介する。

③ 予算。2000年度は，消極策（経費N）に5,200万コルナ，積極策（経費A）1,700万コルナである。この経費配分は失業率によって異なり，さらにモストやオストラヴァのような失業率の高い地域には国からさまざまな施策の要請がある。

④ 雇用助成金。失業者に新しい仕事を提供した雇用主には2年間雇用助成を出す。もしその間に解雇した場合はペナルティが与えられる。また子供を出産した女性に柔軟な勤務時間を用意する企業には，1ヵ月上限3,000コルナの補助が出る。ただしこの金額は地域によって異なり，北モラヴィアでは賃金の80%を補助するところもある。このシステムが始まるのは1998年からであり，当時は6－7,000名の失業者がいた。

新卒者には見習い期間の賃金補助の制度がある。経験不足の新卒者を採用する企業には，労働事務所がその訓練機会を提供し，この間1ヵ月から上限12ヵ月まで，3,500から4,500コルナまでの雇用助成金を企業に払う。1年後に雇用を打ち切るのは自由だが，通常若い人は働き続けているようだ。

問題になるのは障害者の雇用である。たとえばDITA（協同組合）の従業員の75%は障害者であるが，バリアフリーの職場を確保するために1年間1人当り上限40,000コルナが補助されたケースもある。まして新卒の障害者を雇用した時の雇用助成金は，雇用主と労働事務所の間でシーソーゲームが展開される。昨年から雇用主は従業員の5%まで障害者を採用すること，あるいは障害者がいる企業から部品を買うことを義務づける法律ができた。それを守らない企業は平均賃金の半分に当たる年6,000コルナを労働事務所に払わなければならない。払わなければ罰則が適用される。しかし，雇用主はバリアフリーの施設を作るのに金がかかるので，罰金を払う方を選びがちである。障害者と雇用主は協定を結ぶが，その時に労働事務所が介在した場合は，企業は障害者を簡単には解雇できない。労働事務所の介在のない自由協定の場合には，解雇は自由なケースが多い。

⑤ 失対事業。労働事務所は日々の仕事を提供するために，市町村の公的な失業対策事業に，補助金を支給する。仕事を請ける人はアル中患者や，遠くの農村に住む農閑期の農民だったりする。自治体との間には40の協定があり，1ヵ月から1年の期間で合計200人を雇用することになっている。ロマ族は少なく，彼らの仕事をどうするかの委員会を設けたが，あまり重

要な問題にはなっていない。ロマ族として登録されているのは人口10万人のうち300名程度である

⑥ 失業手当。求職者として登録された時点の前3年間の間に12ヵ月以上働いていれば失業手当がもらえる（詳しくは前述）。学生である期間，妊娠・出産の期間，私的事業にたずさわっていた期間などは考慮される。失業手当の額は，最初の3ヵ月は，最終月収の50％，次の3ヵ月は40％である。なお，病気の期間が3ヵ月あったとすればさらに3ヵ月40％が支給される。ただし失業手当の上限は最低生活保障の2.5倍である。だがこれは適宜変わる。　失業手当の受給期間が終了しても仕事がない場合は地方事務所に行き，生活保護を受ける。その金額は月3,770コルナであるが，家族の条件により左右される。仕事を再開すれば6ヵ月後には労働事務所から手当が支給される。その6ヵ月間に自己都合で2回離職すると対象外となる。仕事再開後どのくらい働けば手当の対象になるかはよく議論されるが，6ヵ月というのはあたらしい制度であり，以前は1ヵ月でもよかった。

5. 総　　括

　社会主義崩壊後の中欧・東欧諸国では市場経済への移行過程で深刻な雇用問題に遭遇したが，チェコは逸早く再訓練を中核に据えた積極的雇用政策を整え，全国に労働事務所を配置してそれを実行する体制を敷いた。これが一定の功を奏してチェコは低い失業率で体制移行を進めることができた。しかしその後，チェコ経済が新しい発展の局面に入り，グローバル化の波をかぶり合理化とリストラをさらに押す進める過程で，失業率は徐々に高まってきた。その一方で外資の進出と雇用の多様化が進んでいる。いま雇用問題は体制転換の混乱期におけるそれとは位相を異にしてきているとみられる。その意味で雇用行政も新たな段階にさしかかっていると思われる。

参考文献

川崎嘉元 1999「地方労働行政と労使協議」石川晃弘(編)『チェコとスロバキアの労使関係』日本労働研究機構(調査シリーズ No.93)。

西沢 弘 1994「東欧諸国の失業と労働政策」『海外労働情勢月報』5月号。

第8章　政労使協議の制度化とその実際

ズデナ・マンスフェルドヴァー

1. 本章の課題

　労使の利害を代表し調停していくための制度的枠組は，長期的な経済成長と政治的安定にとって不可欠な前提条件あり，社会平和にも寄与するものである。日本やチェコでは，異なった条件のもとでではあれ，そのような労使関係の枠組が生れている。チェコの労使関係は他の脱共産主義社会の場合と同様なさまざまな要因の影響を受けている。所有権の変化，市場経済への移行，企業内構造の流動化，近代経営技法の未熟さ，利害表出に関する従業員の経験の乏しさ，対外競争の急激な影響，などである。日本の労使関係はその独自な民族文化と国民心理に根ざし，第2次大戦後いくつかの発展段階を経て現在は経済不況の中にある。この二つの国では共通して組合組織率が低下しており，現在の組織率はチェコでは約30%[1]，日本では約20%で，いずれの国でも中小企業での組織率が著しく低い。組織率のこの低下は，労働組合の労働者利害代表機能の弱化，労働条件と職場風土の変化，グローバリゼーションの影響，価値体系の変容などと相俟って，新たな集合主体の確立と，意思決定過程における新しいコミュニケーションと参加のパターンの構築が必要となっていることを物語る。

　チェコと日本には全国レベル，産業レベル，企業レベル，さらには地域レベルで利害代表と利害調停のシステムが発達している。本稿ではチェコにおける主として全国レベルの労使協議の生成と発展を概観し，そしてさらにチェコと

日本との比較を通してこの点での両国間の異同をみていく。

2. 三者協議制の成立とその構成

一般には労使協議は法制的根拠を持った幅広い概念であり，事業所レベルから全国レベルまでのあらゆる場での対話を含む。全国レベルでは政労使三者構成の形をとっている。さらに産業別の三者協議がある。その主な構成員は関係省庁，当該産業の労働組合と使用者団体である。労使二者間の協議は基本的には労働協約をめぐって行われる（Draus 2001）。労働組合と使用者団体の権利，および労使関係における両者の対話と行動の範囲は労働基本法とその他の関連法制（たとえば団体交渉法など）に定められている。政府は労働基本法によって，経済政策と社会政策に関する法案や施策案について，使用者団体および労働組合と協議することを義務づけられている。

2.1 三者協議制の形成

経済自由化と法制改革とともに，三者協議制と団体交渉制を打ち立てて，労働協約の意義を高めるための話し合いが開始された。改革を進めるにあたって，予想される紛争を未然に防止し，あるいは最小限にとどめ，あるいはその解決を助けるような，何らかの政治的・制度的土台が必要視されたからである。こうした脈絡の中で，他の多くの中東欧諸国の場合と同様に，チェコスロヴァキア連邦政府とチェコおよびスロヴァキアの共和国政府は，労使が利害を出しあいそれをフィードバックしあえるような制度を設立することを決めた。このような制度は西欧民主主義諸国でさまざまな形で発達し，成果を収めている。

チェコスロヴァキア，あるいはチェコの場合，これはまず政府がイニシアティブをとり，それを労働組合がサポートするかたちで生れた「紛争予防」的制度だった（Wiesenthal 1992）。連邦および共和国レベルで労使協議制を設ける必要性は，経済改革の第1段階に向けたチェコおよびスロヴァキア労働組合総連

合の綱領にも反映され，それは1990年9月に採択された（Hrdlička 1992）。

　政府は労働組合および新たに生れた使用者連盟の協力を得て，合意形成のための制度を三者構成で打ち立てることを決めた。そして1990年末に三者構成による「経済社会協定のための協議会」(英語名 Council for Economic and Social Agreement，以下 CESA と略称) が連邦レベルと共和国レベルの両方に設けられた。最初この三者構成体は「社会的合意形成のための協議会」（英語名 Council for Social Consensus) という名であった。チェコ（そして当時はチェコスロヴァキア）はヨーロッパの脱共産主義諸国の中で三者協議制度を打ち立てた最初の国の一つである。しかししばらくは下部レベル，とくに地域レベルでの制度化は遅れ，それが発達しだしたのは1990年代末である。この遅れの原因は憲法の中で地域行政区分に関する規定が2000年まで不明瞭だったことにある。連邦および共和国レベルで出発した三者協議体は，政労使の共同で自発的に交渉し発意する場として形成された。その基本理念は，政労使それぞれの特殊的，ときには対立的な利害と活動を超えて共通する目標があり，その目標は共同の活動，利害の調和，合意の追求によってのみ達成されうる，という点にあった。

　ここで指摘しておかねばならないのは，CESA は法的制度ではないという点である。それは政労使が具体的な領域で政治的に協力する場にほかならない。三者協議制が準備段階だった頃，三者交渉に法的規則を架し，合意形成に法的拘束を課すことの是非が議論された。最終的にはこの考えは放棄された。つまり三者協議体の設立，その実質と活動様式は，なんら法的規制を受けないこととなったのであり，現在もそうである。それは労使と政府の間の自由意志と合意に基づくものであり，そこで締結されるものは紳士協定を意味するからである。1991年から1994年の間に政労使間で取り結ばれた一般協定はそのようなものであった。それは法的拘束力を持つ文書ではなく，ただ政治レベルで拘束力を持つにすぎなかった。それは政治文書であって，当事者間で民主的に到達した合意の結果なのであり，なんら強制力を持つものではなかった（Mansfeldová 1999）。この間に労働組合は協定に強制力を持たせることを期待したが，それは使用者側，とりわけ政府からの強い抵抗を受けた。この抵抗は1990年代後半

になると弱まったが,しかし一度の例外を除いて[2],三者協議の法制化を要求するものは誰もいなかった。

2.2 三者協議体の構成と労使代表の特徴

CESA は当初から3方面の当事者で構成されている。すなわち,政府が代表する国家,経営者使用者団体総連合(英語名 Confederation of Business and Employer Associations)が代表する使用者[3],労働組合が代表する雇用者である。これに参加している労働組合とはすべての労働組合を含むものではなく,組合員の約80%を擁する最強の連合体であるチェコモラヴィア労働組合会議所(英語名 Czech and Moravian Chamber of Trade Unions, 略称 "CMCTU"/ČMKOS)と,独立労働組合連盟(英語名 Association of Independent Trade Unions, 略称 "CAC"/ASO)のことである。なお後者はそれ以前の芸術文化総連合(英語名 Confederation of Art and Culture, 略称 "AITU"/KUK)に代わって2000年から CESA のメンバーとなった。

当初使用者側を代表したのはチェコ共和国経営者団体および協同組合の調整協議会(英語名 Coordination Council of Business Associations and Cooperatives of the Czech Republic, 略称 "CCBAC")の7人のメンバーである。この CCBAC はのちに改称してチェコ共和国使用者経営者団体総連合調整協議会(英語名 Coordination Council of the Confederation of Employers and Business Associations of the Czech Republic, 略称 "CC CEBA")となった。他のいくつかの脱社会主義国とは異なって,商業会議所や農業会議所は代表者を出していない。その理由はこれらの会議所は1992年以前には法制化されておらず,また労使関係のパートナーとなる意向も持たなかったことにある。これらの会議所と経営者使用者団体とははっきりと機能を分けているということができる[4]。この点では日本の全国レベルの労使関係システムと異なる(詳しくは6節を参照)。新しく出現した使用者層を三者協議体の中で誰が代表するかはまだ検討の余地があるが,現在のところ使用者側として着席しているのはチェコ共和国使用者経営者団体総連合とチェコ共和国工業運輸連合(英語名 Federation of Industry and Transport of the Czech

Republic）の代表者たちである。

　労使パートナーシップが作動するための基本的前提条件は，特殊利害を持つ諸団体を一つにまとめ上げることにある。労使双方のトップは産業内部や地域内部での交渉戦略を斎一にする（地域レベルではそれがまだ十分にできていないが）。とりあげられる利害の範囲は参加組織の全域を覆う。もちろんこの制度には問題がまったくないわけではない。特に，参加組織がそれぞれ一定の独立性を持っている中で，代表する者と代表を送る者との縦の繋がりを形成する点で，問題が残る。一般的にいって，労使協議の各レベル間，基本組織と全国レベルの代表との間の繋がりは非常に弱い。全国レベルの労使協議の最も大きな実際的および理論的問題の一つは，労使の代表がそれぞれの側を現実にどれだけ代表しているか，という点にある。つまり，利害代表としてどの団体を選ぶのか，そしてその団体からどの個人を選ぶのか，という問題である。この代表性の問題は，労働組合と使用者団体がそれぞれ複数組織から成り立っていることと関連している。

　代表性の問題は1992年制定のCESA規約では当初あまり詳細に扱われていなかった。この規約では，労働組合を代表するのはチェコモラヴィア労働会議所と芸術文化総連合で，使用者側を代表するのはチェコ共和国使用者経営者団体調整協議会とされていた。後に結成された新しい労働組合や使用者団体をどう代表させるかは，まずそれぞれ組合内部，使用者側内部で解決すべきであるという含意が，そこにあった。このようにしてCESA文書は労使間の基本的合意を成文化した。

　代表性の基準をもっと明確にしたのは1995年，1997年，2000年の労使協議会規約の補則である。これによると，使用者側を代表する者の条件は，①工業，建設業，運輸業，農業，サービス業の大・中・小企業で，これらの産業の雇用者や協同組合員の大多数を包摂している団体であること，②地域レベルやその他の分野の使用者団体を傘下に持ち，全国レベルでの活動を行っている団体であること，③最低50万人の従業員を抱えていること（1997年規約では10万人，2000年規約では20万人），とされた。

労働組合の代表である条件は，①組合員の経済的社会的利益を追求し，企業レベルや産業レベルで団体交渉を行うなど，組合活動を営んでいること，②政府および使用者から独立していること，③諸産業を代表する労働組合を少なくとも三つは傘下に持つ連合体であること，④全国レベルで活動していること，⑤最低30万人の組合員がいること（2000年規約では15万人）とされた。最低組合員数の基準が変わったのは組合組織率の低下を反映したからである。代表性の基準，とくに最低メンバー数が決められた結果，いくつかの有力な労働組合連合が代表権を失い，組合内部の複数性が十分に反映されないという批判を生んでいる。

3. 協議内容とその変化

3.1 協議内容とその推移

規約と運営細則は1992年に定められ，その後1995年と1997年と2000年に改定された。この間の議題の変化と継続性について簡単に述べる。

1992年11月に定めた規約では，三者協議の議題とされたのは次のような問題であった。

① 経済社会発展の構想（地域レベルのも含めて）
② 経済競争の諸条件
③ 労働法制と団体交渉
④ 雇用開発と労働市場
⑤ 所得水準と生活費用
⑥ 労働衛生・労働安全・環境保全
⑦ 文化活動と教育訓練の充実
⑧ 三者協議制とその活動内容
⑨ 地域レベルにおける三者協議の推進
⑩ 国際レベルの三者協議制との連結
⑪ スロヴァキアCESAおよび欧州労使関係諸機関との関係維持

⑫　労働市場，所得，生活水準，企業条件の規制のための三者一般協定の交渉

1995の規約では三者協議制のコンセプトと構成が変えられ，議題の範囲も狭められた。問題としてとりあげられることになったのは次の点である。

① 労働法制，団体交渉，雇用に関する事項
② 賃金とその関連事項
③ 労働安全事項
④ 社会福祉関連事項

1996年と97年には困難な経済状況の中で政府は労使との協議に積極的な姿勢をみせるようになり，1997年規約ではCESAでの議題の範囲がまた広げられ，次のような分野の問題がテーマとされるようになった。

① 経済政策
② 労働法制，団体交渉，雇用
③ 社会福祉
④ 賃金
⑤ 非製造業分野
⑥ 労働安全
⑦ EU加盟問題（とくに労使関係に関連して）

2000年11月以降の規約では次のような問題が議題の中に入った。

① 経済政策
② 労働法制，団体交渉，雇用
③ 社会福祉
④ 賃金
⑤ 公共サービスと行政
⑥ 労働安全
⑦ 人材開発
⑧ EU加盟問題

このように三者協議の議題は，経済の変革，改革の進行，その成功と失敗，

それらの市民および政界に対する影響に対応して変容してきた。

1990年代前半に労使に満足いくように解決できなかった主な問題は，次の諸点である。

① 年金保険の問題。国家財政から年金保険を切り離す必要の不履行。
② 賃金規制（1995年に廃止）。最低賃金の額。
③ ストライキ行動に関する追加的法規制の必要性。
④ 労働法典。労働法典の改定は体制変革の最初の段階から労使にとって非常に重要なトピックだった。ほぼ1995年以降，これは暗礁に乗り上げ，1998年総選挙後にいたっても討議と合意形成への前向きの姿勢はみられなかった。

1990年代後半，特に経済状況が悪化してから，三者協議の議題は，当面する社会全般の諸問題，鉱業・電力産業・重工業などでのリストラの影響と産業統合過程に関わる諸問題の解決に，向けられるようになった。具体的には次のような問題が議題とされた。

① 行政法。政府がその草案を用意したが，組合の反対に遭い制定されていない。これは欧州評議会の評価報告でいつも批判の種となっているのだが。
② 労働立法。労働法典の改定は三者協議の作業グループで繰り返し議論されてきた。三者協議総会で草案を討議し，その草案が検討に付され，その後政府に提出され，政府での討議を経て議会に提出された。検討過程で700ほどの点で論争があったが，最終案が政府に提出された時には対立点は克服されていた。これは三者が前向きの姿勢で事に取り組んだ証左である（Kubinková 2001：26）。
③ 雇用者保護。1999年には賃金不払いが深刻な社会問題となった。三者協議会は支払不能の使用者に雇用されていた労働者を保護する適切な立法措置を求めた。三者の共同努力の結果，使用者破産の際の雇用者保護が法制化された。これは破産清算法の改定と結びついてなされた（Kubinková 2001：26）。

年金改革と健康保険の問題は2001年現在まだ残されたままである。これは三者合意の問題にはとどまらず，広く公に議論されねばならない問題だが，政府はまだその議論の端緒を切っていない。もう一つの懸案は公共部門の問題であり，そこでは団体交渉，たとえば賃金交渉が許されていない。

三者協議の新しいトピックはEU加盟に関わる問題だった。この問題のための作業グループが設けられ，政府側代表のトップがその議長を務めた。

3.2 組織と参加者

CESAは総会，議長，作業部会を持つ。そもそもの始まりからCESA事務局は作業部会の一部をなしてきた。

現在総会の参加者は政労使それぞれ7人で，政府側は大臣5人と副大臣2人，労働側は労働組合連合体の代表7人，使用者側は使用者団体の代表7人である。それぞれの側の代表7人のうち，4人が常任メンバーで，残りの3人は討議のテーマによって入れ替わる，というように，柔軟な構成をとっている。

CESAの内部には専門的な常設作業部会があるが，必要な場合には特定の問題の解決のために臨時作業部会が設けられる。作業部会は協議会の諮問機関であり，特定の政策分野の中の特定の問題を扱う。労働法（団体交渉と雇用），賃金，安全衛生，福祉問題，経済，EU加盟，非生産部門と運輸，などがそれである。作業部会のメンバーは政労使の代表のそれぞれから1人出て，合計3人で構成される。誰がメンバーとなるかを承認するのは総会である。討議の結果三者で意見が一つにまとまったら，それが総会に提出されるが，もし合意に達しなかったら各意見がそれぞれ総会の場で開陳される。総会と幹部会は政治的な場であるが，作業部会は技術的専門的な場である。外部の専門家が政治的な場に招かれて当該問題について意見を述べることもありうるが，意思決定の権限は与えられていない。総会は作業部会の提言を承認または拒否し，最終決定を行う。

CESAは三者合意に基づいてその意見を表明する。合意が成立しない場合には，政府は議会に対して，懸案となっている法案に関する三者それぞれの異な

る意見を提示しなければならない。

3.3 政党との関係

1989年以降使用者団体も労働組合も政党からは独立して非政治的であろうとした（キリスト教労働組合連合とボヘミア・モラヴィア・シレジア労働組合連盟を例外として）。そして政治的に自立性を維持すると唱えている。労働組合は市民社会における自立的活動体であることを示そうと懸命に努め，特定の政党とつながりを持つことに抗し，要求実現に向けてすべての政党との支持関係を追求した。

1994年末以降の傾向として，三者協議の不十分さから，組合も使用者も三者協議制よりも議会のロビー活動に眼を向けるようになり，その結果両者とも問題解決の焦点を議会へと移すため1995年末の下院選に関与することを考えた[5]。しかしその試みは使用者経営者団体連合と労働組合の両方で反論を引き起こした。とりわけ労働組合はメディアと連立政党からかなり否定的な反応に遭遇した。そのため組合は非政治的立場をとりつづけることになったが，それは没政治的になったことを意味しない。1996年と1998年の選挙キャンペーンでは労働組合は組合員に対して，それぞれの政党が労働組合の問題と要求をどう扱っているかを伝える試みを展開している。

4. 一般協定の内容とその変化

1991年–94年に三者協議制で採択された基本文書は「一般協定」であり，これは関連する経済的社会的課題を定めた。同時にそれは産業レベルおよび企業レベルにおける団体交渉の枠組と土台を示した。1991年から94年まで一般協定には毎年三者の合意署名がなされたが，署名にいたるまでに長い熾烈な交渉が続いた。一般協定の締結は，体制転換後の最初の数年間，たいへん重要な意味を持った。というのは，これによって労働組合と使用者団体は最低限の交渉を経験したし，政府は主導的役割を果たしたからである。それによって一般協定

の締結とそれの実行の要求はうまく進んだ。第1次一般協定は価格や賃金などの枠組を掲げ，その基準，実施主体，政策手段を詳しく示した。このように何を誰がどうすべきかを具体的に描き出すことによって，経済改革と私有化の数年間，政労使にとってなすべき課題が明確となったのである。

　一般協定を年次ごとに追ってみると，その内容に私有化過程における利害関係の成熟度と制度化の進展，および経済状況の変容が反映していることが見てとれる。こうした変化は，一般協定に法的拘束力を持たせるという労働組合の主張がその後放棄されたことなどにも表れている。

　1995年と1996年には合意署名にいたらなかった。1997年と1998年には一般協定の準備すらなされなかった。1995年の一般協定の原案はその年の初めに準備されたが，意見不一致で不成立に終わった。その討議にあたって政府は，三者協議制のコンセプトの変更と課題の縮小を盛り込んだ新しい規約の承認を先に決め，その承認の後で交渉を始めようと主張した。使用者側は一般協定の原案に賛成し，すぐにでも署名する姿勢をみせた。労働組合はその基本的要求，とくに最低賃金の引き上げ要求を一般協定に盛り込むことを望んだ。政府はこの要求に同意しなかった。他方，労働組合は，この一般協定の原案に反対するCMCTU総会の決定にそって，署名をしなかった。政労使の立場の相違がこのように表面化したのは，単なる意見の違いからだけでなく，三者とももはや一般協定をそれほど必要としなくなったからだとみられる。

　1996年になって与党は政労使間の協力と対話の新たな形を提起した。これは基本的には与党と使用者側からの提案であり，使用者側はこれへの署名に同意した。「政労使協定」(英語名 Social Partners Agreement)の趣旨が提示され，1996年10月に政労使協議会の討議に付された。政府はこの文書に賛意を示し，その重要性を強調した。この協定は，労使と政府は協議を持つ意思があることを明記した。政府はこの意思を「協定」の基本とすることを有益と考えた。しかしCMCTUの代表者はこの「協定」を形式的で「空疎な」文書とみなして同意の署名を拒否した。

　1998年に社民党政府が成立した後，労使は一般協定への関心を表明してその

作成を支持した。使用者側には二つの意見があった。一つは期限をもっと長くして（たとえば政府の期限），当事者間の申し合わせのような，もっと緩やかな協定にしようという意見，他の一つは当初の一般協定のコンセプトを保ち，名称も当初のものを踏襲しようという意見である。しかしどちらの意見も，一般協定ないしそれに準ずる文書が社会的調和を維持するものであり，望ましいものであるという点では，共通している。この文書（「社会契約」Social Pactと命名された）は，当事者が交渉の意思をもって共通の課題と規則を決めていくことを表明した，期限の長い，枠組の緩やかな協定であるとされ，「社会契約」は拘束力のない紳士協定であるべきだという点で，三者は意見が一致した。そして専門家グループがこの文書の準備に取り掛かったが，なんら結論が得られず，当該年度内（2002年6月まで）になんの成果も期待できなかった。

5. 政府の態度

労使関係とその制度的形態としての三者協議制は，体制転換とその後の変動過程に一定の役割を演じ，同時に政治的，経済的，社会的諸条件の変化と労使関係の「成熟化」に対応して発展した。労使と国との関係も変化した。その機能と組織形態も変わった。労使関係の変化は主として脱国有化と私有化によってもたらされた。

三者協議の目的は，基本的な経済，政治，賃金の問題と，労働法制や雇用の問題に関して，合意を形成することにあった。

チェコにおける三者協議の発展は三つの段階に区分できる（Draus 2001）。

第1段階は1991年－94年で，政労使間で協力が合意されていた時期である。この時期には一般協定が定期的に討議され合意署名されていた。協定には経済政策や社会政策の重要な点に関する政労使共同の見解が盛り込まれていた。政府は三者協議体の活動と毎年の一般協定を社会平和の保障とみなしていた。

第2段階はCMTUCが警告ストを組織した1994年12月に始まる。この警告ストは，政府が新しい年金制度法案の協議を拒否したことに対する抗議であっ

た。これはわずか15分間の時限ストだったが，4,000の企業を巻き込んだ。政府はこれに対して，協議の幅を狭める新しい三者協議規約を出してきた。政府と最大与党ODSはこの立場を鮮明に打ち出し，三者協議制をしだいに単なる話し合いの場にしようと目論んだ。政府は三者協議制をその時々の臨時の補助的機関であればよく，その後は市場メカニズムが自動的に社会的均衡をもたらすとみなした。

　第3段階は1997年に始まり，新規約が採用されてCESAが再び労使協力の中心機関となった。これは1996年－97年に経済状況が悪化し社会的に不満が広がりだしたことと符合する。さらに1998年6月の総選挙で社民党が政権を獲得したことも，三者協議の発展に有利に働いた。社民党主導の政府は悪化した経済状況を引き継ぐことになったが，これが政労使間の意思疎通を強めることにもなった。抗議行動の増加もそれを促す理由となった。抗議行動は1997年に5件，1998年に5件だったが，1999年には36件，2000年も36件に上り，2001年上半期は6件であった[6]。現政府（2002年1月現在）は労使の対話をかなり重視しており，労使はこれを歓迎している。政府のこのオープンな態度が三者協議活動の復活の主たる理由といえる。もちろん労使もこの復活に大きく寄与している。

6．日本との比較

6.1　政労使協議の場と構成

　日本では全国レベルの三者協議体として「産労懇」[7]がある。そのメンバーには政労使の代表のほかに学識経験者が加わっている。使用者側を代表しているのは大企業をカバーしている日経連[8]（2002年5月に経団連と合体，日本経団連となる）と，主として中小企業をメンバーとしている商工会議所[9]である。

　産労懇は1970年に始まり，年に4回ないし5回の会合を持っている。これはチェコの三者協議会のようなものではないが，各参加者が意見を出しあい，政府が提案を出し，労使と第三者がそれを検討する交渉の場としての特徴を備え

ている。

　この会合を通して労使間に合意が形成され，労使は共同で政府に提案を出す。その目標の一つは雇用の確保と創出，物価の安定，国家財政のバランスの保持などである。政府はこの交渉の場を尊重し，労使の意見を取り入れる。労働組合と経営者団体の政策は政府を攻撃することではなく，要求を説明し世論の支持を得ることにおかれている。過去の例として1997年度－99年度に向けて日経連が打ち出した，経済改革に関する「ブルーバード計画」[10]をあげることができる（Mansfeldová 1998）。

　労働組合の全国センターとしては，連合，全労連，全労協がある[11]。この中で最大規模を持っているのは連合である。連合はそれ以前から存在していた三大労組連合体（総評，同盟，新産別）の統一合体によって1989年に発足した。この統一の動きは1970年代の石油危機の頃に始まり，約15年の紆余曲折を経て実を結んだ。

　連合はその傘下の組合員731万人（2001年6月末現在）を擁する世界で三番目に大きい労働組合連合体であり，日本の雇用者の14％を組織している。これに加盟している産別組織は，民間部門と公共部門とをあわせて70組織を上回る[12]。その活動の中心は賃金と社会保障制度に関する交渉である。その構成員は主として大企業の正規雇用従業員であり，生産部門の労働者であって，全体として組織率は長期低落傾向を辿っている。これはチェコの場合と同様である。中小企業での組織率は低く，したがってそこでの賃金問題は団体交渉で決まるというよりは，むしろ個別的解決に委ねられている。

6.2　統一賃金交渉

　日本では1956年以降毎年2月から5月にかけて全国的に賃金交渉が行われ，これが賃金政策にとってきわめて重要な意味を持っている（公共部門の場合は人事院ないし人事委員会が出す勧告が重要な意味を持つ）。この春季賃金交渉には労使当事者だけでなく広く世論も関与し，それによって国内および世界の経済情勢や国民の生活条件に関して国民的合意を共有する。毎年定例化したこの春季交

渉は国民経済に実質的に広範な影響をもたらす。

「春闘」と呼ばれてきたこの春季統一交渉制度は1956年に始まったが，その後国内経済と世界経済の情勢を受けて変化してきた。たとえば1970年代の石油危機の際には賃金引き上げの可能性が論じられて，賃上げが控えられた。近年の経済不況においても交渉内容の中心が賃金から雇用問題に移行しており，また鉄鋼労連は「春闘」をより効率的に行うために賃金交渉を2年おきにしようと提案している (1997年)13)。私鉄総連などではもはや共同交渉をやめてそれぞれの企業で個別交渉をしていくことを決めた。日本の労働組合は環境の変化を反映して，その交渉の重点をしだいに固定的な基本給の遵守から柔軟性ある賃金体系の形成へと移してきている。

経営側は2001年の春季交渉にあたって，日本の賃金水準は世界最高級であるという主張で臨み，国際競争力を維持しかつ雇用を安定させていくためには総労働費用を企業の支払能力の枠内にとどめるべきだと強調した。そして交渉は1956年に春闘が始まって以来の最低の賃上げで終わった (Kawamoto 2001：16)。

2002年には歴史的な転換が起こった。三つの労働組合全国センターのうち二つがまず賃上げ要求をかざして交渉に臨むのでなく，雇用の確保と賃金の現状維持を最優先させたのである。もっともこの交渉は全業種に適用されたわけではなく，たとえば化学産業では企業レベルでの交渉に委ねられた。一般的にいって，1990年代末から2000年代初頭にかけて，経済不況の影響下で，交渉の舞台が産業レベルから企業レベルに移っている。最近まで巨大組織が共同で交渉を行っていた自動車産業の場合もそうである。経済不況の結果，交渉は企業レベルにいっそう分権化されるかたちになり，産業レベルでの連帯は後退した。しかしこの傾向はけっして永続的なのではなく，経済成長が回復すればまた産業別交渉が復活すると，日本の労働組合は信じているようだ。

ちなみにチェコでは賃金やボーナスに関して日本の春闘のような全国レベルでの交渉はなく，ドイツのような産業レベルでの賃金交渉もなされていない。

春季交渉の結果として賃上げの大枠が打ち立てられ，それを基礎に次に企業レベルで交渉が行われ，それぞれの企業の賃金規準（たとえば年齢，勤続，職能

など）と業績をふまえた賃金決定がなされる。最低賃金法は最低賃金の制定の権限を政府に与えているが，最低賃金はチェコと違って全国的に定められるのではなく，地域（都道府県）別および業種別に決められる。地域別最低賃金は職種や業種と無関係に当該地域の企業と雇用者の全部に適用される。最低賃金額は地域によって差がある。業種別最低賃金は地域内の個々の業種に関して定められる。この業種別最低賃金は当該地域の最低賃金を上回るように設定されており，個々の業種の具体的な労働条件を勘案して決められる。2種類の最低賃金額のどちらを使用者は採らねばならないかというと，高い方である。

6.3 労使と政党

さまざまな文書や労使それぞれの連合体の幹部からの聴取によると（Mansfeldová 1998)，労働組合も使用者団体も何らかの政党に思想的な近さを持っていることは明らかなのだが，両者の間には直接的な結びつきはない。労使はそれぞれ自らの目的実現を求めて政党からの支持を探り，ロビー活動を行っている。たとえば連合は全政党に自らのプログラムを提示し，その支持を求めているが，特定の政党と結びつくことは避けている。電機連合も自らの産業政策を全政党と政府に提示している。労働組合の政治参加のもう一つの経路は，政府の各種審議会にエキスパートを送り込んで法案の検討に関与することである。政府には法案検討の諮問委員会が200ほどあるが，そのうちの約30％に連合は代表を送っている。労働組合はこの法案作りへの参加をひじょうに実効性があると評価している。これはチェコの三者協議と類似している。

6.4 問題の現状と傾向

日本の雇用関係はこれまで主として年功原則と従業員の企業帰属意識に基礎を置いてきた。企業帰属意識は年齢が高く勤続が長い従業員ほど高い。これはまだかなり残っているが，かつてほど顕著ではなくなっており，特に若年層ではかなり変わってきている。人事管理が年功原則から成果原則に変わりつつあり，それが世代間の諸関係にも影響を与えている。それと同時に生活保障を前

提とした終身雇用慣行も後退し，それが若年層にもはや妥当しなくなってきているが，以前の価値観と保障慣行に馴染んで働いてきた中高年層には不安をもたらしている。最近の調査が明らかにしているが，業績のいい大企業の多くも，終身雇用慣行を維持するべきだとかそれが企業の将来にとって好ましいなどとはみなさなくなっている。

　日本経済は新技術の発展と産業構造の変化を伴って大きな変動を経てきた。これと関連しつつ雇用構造も変わり職務構成も多様化した。日本社会が当面するさらなる問題をあげるならば，人口の高齢化，経済と情報のグローバル化，世界市場における競争の激化，低賃金諸国への生産拠点の移転[14]，生活環境の保全，国家財政赤字，失業率の増加（2002年2月現在5.6%）などであり，これらすべてがマクロレベルの労使協議の新しいテーマとなっている。導入された新技術と，それにみあうべき技能構造および再訓練支援との間の不均衡も，問題の一つである。労働組合は新技術と新事業にみあった技能開発と，新しい職務の提供を重視している。大企業では企業内訓練などでこの問題をかなり解決できるとしても，小企業にとってはこれは深刻な問題である。それゆえ労働組合は，大企業が備えている教育訓練の活動と施設を中小企業に開放する必要をみとめている。その目標は労働者のエンプロイヤビリティを維持することにある。

　労使間の交渉はすぐれて企業レベルで進められる。経営と組合の関係はかなり「平和的」であり，ぎすぎすした交渉よりも円滑なコミュニケーションと対話が好まれる。しかし同時に注目しなければならないのは，こうした労使関係ムードのもとで若年層を中心に組合離れが目立ち，問題があっても個人的に処理しようという風潮が広がっていることである。これと関連して，若年層の間で「フリーター」が増加し，自分の興味で会社間を転々として一定の職場に定着しない層が拡大している点も，注目に値する。

7. 総 括

チェコと日本の比較を要約して本章の総括とする。

(1) チェコでは過去も現在も労使関係の主な関心は全国レベル，つまりマクロレベルに向けられている。新自由主義を奉ずるクラウスの政府が労使交渉の過程を全国レベル・産業レベルから企業レベルに移そうと努めたが，労働組合はこれを組合の弱体化を謀る試みとみなして退けた。日本の場合は労使交渉の主舞台は企業レベルにあり，しかもその傾向がますます強まってきている。

(2) 日本の全国レベルにおける毎年の春季交渉（春闘）の結果は，当該年の社会契約のようなものである。このようなものは現在のチェコには存在しない。1990年代初頭の「一般協定」は社会契約のようなものだったが，チェコの労使関係には定着しなかった。

(3) 全国レベルにおける労使協議のテーマは変化してきた。チェコでは当面する汎社会的な諸問題を解決するという意味でテーマが推移し，特定産業のリストラや産業の統合がもたらす問題が扱われてきた。日本では今日の主要な問題は雇用の確保にあり，長期不況下で労働組合は雇用確保を優先させて賃上げ要求を控えた。

(4) チェコでは労使協議のありかたがその時の政府の政治的立場に強く左右される。日本での労使協議はそれほど政治権力の影響を受けないようだ。おそらくそれは，独立した専門家や世論指導者など，できるだけ幅広く第三者を労使協議の場に参加させているためだろう。

1) チェコ統計局によると，2001年第2四半期における民間部門の雇用者総数は3,980,700である。2001年現在，雇用者全体の33%が労働組合員である（Report 2001）。
2) 2001年1月のJ. シュトライト議員（共産党）による提案。
3) 労働組合と使用者団体の結成は主として法令83／1990の市民団体に関する項に則

っている。この法令のもとで結成された市民団体はチェコ共和国内務省に登録されなければならない。しかし関連 ILO 条約にそって，労働組合と使用者団体の登録はただ届出だけでよく，国の機関はその結成や活動に干渉できない。労働組合と使用者団体は登録の届が内務省に出された翌日には法的実在となる。この法令は労働組合および使用者団体の代表者についてはなんの規定も与えていない。現役兵士は労働組合を結成できない（Report 2001）。

4）商業会議所と農業会議所は使用者経営者団体と良好な関係にあり、工業運輸連合も含めて四者で1998年5月に「国土経済成長刷新綱領」を準備した。

5）労働組合が最初に政治に参入しようとしたのは，チェコスロヴァキア労働組合総連合が新たに労働党を立ち上げようとした1991年夏のことである。この党は右派と共産党との中間政党を意味したが，それ以上に具体的な意味はなかった。労働組合はすぐにこの考えを捨て，1992年の選挙では個々の候補者がそれぞれどこかの政党の候補者リストに名を載せるように決定した（Mansfeldová 1997）。

6）ここでいう抗議行動には，会社従業員の抗議集会，労働組合総連合が組織した要求表明の集会，示威行動，警告ストなどを含む（第3回金属労働組合大会，2001年6月21日 - 23日より）。

7）日本の三者協議制はこの名称で ILO に登録されている。

8）日経連は1948年に設立され，賃金交渉を含めて労働問題に広く関与し，使用者側として代表を ILO に送っていた。これに加盟していたのは47都道府県の使用者団体と約60の業種別使用者団体である。これらの団体の会員数は全部で約2,000万にのぼる。これが2002年春までの状況で，2002年5月には経団連と合体して日本経団連となった。経団連は1946年に設立され，約1,000の主要企業（63の外資系企業も含む）と117の主要な業種別団体からなり，その主な活動は，日本経済が当面する現実的諸問題を解決するために経済界の指導的団体として政策提言をすることにあった（Japan 2002：3 - 4）。

9）日本商工会議所は521の地域商工会議所の連合体として組織されている（1998年現在）。

10）"Bluebird Plan Project（FY 1997 - 1999）. A New Japanese Model：Searching for a Third Option"（日経連，1997年1月）。

11）英語表記では連合は The Japanese Trade Union Confederation，全労連は National Confederation of Trade Unions，全労協は National Trade Union Council である。

12）民間産別組織で最大規模の組合は電機連合である。これは連合に属し，電機，電子，情報関連産業の労働者を組織しており，その傘下の単組は323，組合員は755,898人を数える（2001年7月現在）。なお電機連合は過去3回「電機労働者の意識」国際共同調査を実施してきており，チェコはこれの第2回(1995年)調査と第3回(2000年) 調査に参加している。

13) この点チェコでも同様であり,鉄鋼組合は要求の交渉を単独で行うことを決めた。
14) たとえば中国と日本の賃金格差は1対20である。しかし状況は変わりつつある。中国はいまでは WTO のメンバーであり,社会保障制度や最低賃金制度を整備しなければならなくなっている。それゆえ賃金格差も縮小してこよう。したがって勝負は労賃ではなく品質でなされることになろう。

参考文献

Ágh, A., 1995, "The Role of the First Parliament in Democratic Transition".in : Ágh, A. and Kurtan, S (eds.), *Democratization and Europeanization in Hungary: The First Parliament(1990 - 1994)*, Budapest : Hungarian Centre for Democracy Studies Foundation, 249 - 261.

Brokl, L., 1997, *Reprezentace zájmů v politickém systému ČR*, Prague : Slon.

Draus, F., 2001, *Social Dialogue in the Czech Republic*, Prague : European Social Partners.

Hála, J., et al., 2001, *Development of Social Dialoge in the Czech Republic*, Prague : RILSA.

Hanami, T., 1985, *Labour Law and Industrial Relations in Japan*, Kluwer Law and Taxation Publishers Deventer.

Horálek, M., 2000, "Experience and Perspective of Social Bargaining, Cooperation and Confrontation in the Czech Social Dialogue", in : *Labour, Industrial Relations and Social Bargaining*, Prague : Research Institute for Labour and Social Affairs.

Hrdlička, O., 1992, *K dějnám odborového hnutí v Čechách, na Moravě a na Slovensku*, Prague : Nadace Friedricha Eberta.

Kadavá, Ch., 2001, "Postavení odborů a jejich úkoly na základě současné podoby pracovních vztahů", *Pohledy* 3 /2001, Prague : ČMKOS.

Kubínková, M., 2001, *Národní studie o sociálním dialogu v ČR*, Prague : ČMKOS.

Mansfeldová, M., 1999 "Emergence and Development of Social Dialogue", in : *Human Development Report*, Prague : Research Institute for Labour and Social Affairs.

Mansfeldová, Z., Čambáliková M. and Brokl L., 1998, "Social Partnership as a Form of Interest Mediation in Czech and Slovak Society", in : *Reserch Support Scheme of the Open Society*, No. 101/1996, Prague : Institute for Higher Education Support Programme, August,

Mišovič, J., 2000, "Veřejnost o působeni odborů (nad výsledky výzkumu IV V M 0010)", *Zpráva v elektoronické podobě z archvu IV V M*, Prague.

Plescot, I., 1992, "Die Entwicklung der tschechoslowakischen Gewerkschaftsbewegung während der Umbruchphase von 1989 bis 1992", *Gewerkschaftliche Monatshefte Bundesvorstand der DGB*, BRD.

Plescot, I., 1999, "Názory veřejnosti na současné odbory v ČR", *Pohledy* 5 /99, Prague : ČMKOS.

Pohledy (mimořádné vydání), 1993, *Program Českomoravské Komory odborových svazů léta 1994 – 1998*, ČMKOS.

Rychlý, L., 2000,"Sociální dialog – nástroj modernizace sociálního modelu", *Sociální politika*, 9 /2000.

Šmolcnop, V., 2000, "The Institution and Evolution of Socioal Bargaining in the Czech Republic", in ; *Labour, Industrial Relations and Social Bargaining*, Prague : Research Institute for Labour and Social Affairs.

"Střední stav v našich podmínkách není chiméra a nejsou to jen podnikatelé. Rozhovor se zakládajícím členem Unie středního stavu Ing. Jaromírem Šubertem", *Právo*, 23.1.1997, s. 11.

Svaz průmyslu a dopravy – informační brožura.

Tomeš, I. and Tkáč, V., 1993, *Kolektivní vyjednávání a kolektivní smlouvy*, Prague : Prospektrum.

Wiesenthal, H., 1995, "Preemptive Institutionenbildung : Korporative Akteure und institutionelle Inovationen im Transformationsprozeβ postsozialistischer Staaten", *Max – Planck-Gesellschaft*,(Arbeitspapiere AG TRAP, No. 95/ 4).

Wiseman, Ruth, V., 2001. *Civil Society, Policy-making and the Quality of Democracy : Trade Unions in the Czech Republic*, Thesis Submitted for the Degree of Doctor of Philosophy, The University of Sheffield.

第9章　チェコ産業における日系企業の人事労務

石 川 晃 弘

1．本章の課題

　2000年代に入ってチェコへの日本企業の進出が活発になった。社会主義体制崩壊後，チェコとスロヴァキアはしばらく外国からの投資に対して慎重な政策をとり，隣国のポーランドやハンガリーに比べて外国企業の進出が後れていた。しかし1999年から外資に対する政策の転換によってその進出はにわかに顕著となり，日本からの対チェコ直接投資も増加しだして，その金額も件数も2000年には対ポーランド投資を追い越し，2001年には対ハンガリー投資を上回るにいたった。投資国別対チェコ外国投資額をみると，1993年－2003年の累計では日本は第10位であったが，2003年だけでみると第6位に上がっている。2004年春現在では約140社の日系企業がチェコに立地している。
　このような状況を背景として，本章では次の二つのサブテーマを設ける。
①チェコの労働者と日本の労働者の労働と意識を比較検討し，チェコの現業労働者とその労働生活の特徴を描き出すこと。
②経営と労働の文化を異にするチェコに進出した日本企業の，現地で採用している人事労務戦略の特徴を把握すること。
　前者に関しては電機産業で実施した労働者アンケート調査の結果を用い，後者に関してはチェコで操業する日系企業2社の事例観察結果を資料とする。
　これらのサブテーマの検討から得られる知見を基にして，日本の経営文化が現地の労働文化に適応する過程で形成される，人事労務の様式を明らかにした

い。これが本章のメインテーマである。

2. 前提的考察

かつて OECD が日本経済の成功の秘密を探る調査団を日本に派遣したが，その調査レポートで指摘された成功因とは，年功賃金と終身雇用と企業別組合にあった (OECD 1977)。このレポートが国内外で日本企業の「長所」に関する多くの議論を呼び，「日本的経営」論が各方面で一つのブームとなった。その中で指摘された日本的人事労務の特徴は次のように要約できる (安藤・石川 (編) 1980)。

(1) 従業員の職務は比較的広く設定されていて，従業員は多能的であり，また，チームワークが重視される。期待されるのは専門的な「職能人」よりも，社内の諸般に通じた「組織人」である。

(2) 従業員は若年の職務未経験者の大量採用で調達され，彼らの職務能力は企業内部で長年かけて養成される。したがって彼らには長期勤続が期待されている。そして彼らの労働を補完するものとして，パートや派遣社員など短期雇用の非正規従業員が配置される。

(3) 賃金は職務の違いよりも勤続・年齢にリンクし，昇進・昇格もこれに沿って規定される。社内では人材養成の目的から職種間異動がしばしば行われるが，これによる賃金の昇降はなく，したがって従業員は職務や職場の変更を抵抗なく受け入れる。

(4) 管理者や経営者は長期勤続従業員の内部昇進でリクルートされる。そのため一般従業員は彼らを「先輩」とみて，身内意識で受け入れている。

(5) 労働組合は企業別に組織され，団体交渉も企業内で行われる。労使関係は協調的で労使間の意思疎通は円滑である。

しかし一口に日本企業といっても，実際にはそれぞれの企業の組織文化と人事労務慣行は多様であり，しかも近年では成果主義人事の導入や人々の労働観の変化が進んでいて，従来描かれていたステレオタイプでは現実を語れなくな

ってきていると思われるが，チェコに進出した日本企業の場合，どのような人事労務戦略を採用し展開するのか。

この点を検討する際に，日本的人事労務のステレオタイプとの対比で，チェコ的人事労務の一般的特徴を，まず，筆者らの観察結果から描いてみる（石川 1981；マコーほか 1992；石川 1999；石川（編）1999）。

チェコは19世紀第4四半期からすでに中欧の工業地域として知られ，工業労働者層が広く形成されていた。この地域は早くから近代的工業労働の伝統を築いていた。そして第2次世界大戦後になってソ連ブロックに繰り込まれ，工業労働を社会主義的に再編成することとなった。ここで編成された人事労務は，次のように特徴づけられる。

(1) 職務は細分化されていて自由裁量の余地に欠けていた。したがって従業員は単能的で専門性が重視され，作業は主に個人ベースで遂行され，チームワーク精神は乏しかった。期待されたのは専門的な「職能人」だった。

(2) 労働者はその職務に必要とされる資格（kvalifikace = qualification）によって分類された。賃金はその職務資格にリンクして自動的に定められた。したがって同一の職務資格にとどまるかぎり，賃金も原則として同一水準にとどまった。企業間を移動しても，職務資格が同一であれば同一水準の賃金が支払われた。社内ではこの職務資格が変わらない限り，職種間での異動もほとんどなかった。

(3) 職務資格は学歴とリンクしていた。現業労働者は義務教育終了後に企業に付置された技能研修所で訓練を受けて一定の資格を得た。技手（テクニシャン）は中等職業学校（日本でいえば職業高校）卒，技術者（エンジニア）や経営者は大卒の資格を必要とした。したがって昇進を望もうとすれば，より高い学歴資格を得なければならなかった。

(4) 企業内で管理者や経営者のポストに就くためには，学歴資格だけでなく，共産党の幹部リスト（ノメンクラトゥーラ）に載っていなければならなかった。

(5) 労働組合の基本単位は企業レベルにあり，その主な活動は従業員の福利

厚生に向けられていた。賃金は職務資格ごとに全国一律に政府が決めていたから，企業レベルや産業レベルでの賃金交渉は不必要であった。企業内での経営と組合との交渉は主として福利厚生基金の額と配分についてであった。労働組合は経営に対する対抗勢力ではなく，むしろ人事労務における補佐的団体だった。

このうち1と2と3は社会主義以前の伝統的工業労働の特徴を多分に引き継いでいたが，4と5は社会主義体制のもとで導入された。このように描けるチェコの（そして他の旧東欧諸国に共通した）社会主義企業の特徴は，現実の諸状況の変化に対応しながら一定の修正を経てきたが（石川 1981），基本的には社会主義崩壊の1989年まで引き継がれた。そして体制転換後，職場の労働慣行を取り巻く諸条件は市場経済の導入，企業の私有化と大規模なリストラの中で大きく変わった。

3. 現業労働者の労働と意識——日チェコ比較

3.1 データ・ソース

次に，社会主義崩壊後10年経た時点でのチェコにおける労働生活の特徴を，調査データに拠りながら日本のそれと比較してみよう。ここで用いるデータは電機連合が主宰した電機産業労働者の国際調査から得た（詳しくは電機連合 2000）。サンプルはチェコでは2企業（家電と部品のメーカー）から308人，日本では4企業（家電と通信機器のメーカー）から870人が抽出された。調査時期はチェコでは2000年，日本では1999年である。

ここでは現業労働者層を取り出して，その回答分布からチェコと日本の特徴を析出してみる。ちなみに回答者全体に占める現業労働者の割合はチェコで57.1%，日本で17.8%であった。チェコにくらべて日本ではホワイトカラー化が顕著であるといえる。

ここで観察の対象となる現業労働者のサンプルは，性別にみると男性比率がチェコで47.7%，日本で65.8%となっており，日本の方がやや高い。年齢階級

別にみるとチェコでは30歳未満31.9%, 30歳代18.7%, 40歳代28.4%, 50歳以上20.4%, 日本では30歳未満22.5%, 30歳代43.2%, 40歳代20.0%, 50歳以上9.0%であり(他は無回答), 30歳未満の若年層の比率はチェコの方が大きく, 30歳代は日本の方が大きく, 40歳以上ではまたチェコの方が大きくなる。日本で30歳代が多いのはバブル経済崩壊以前の大量採用が影響しているとみられ, また40歳以上が少なくなるのは, 調査サンプルが組合員に限定されているため, 中年になって管理職に就いた者が対象から除外されているからと考えられる。勤続の長さに関しては, チェコでは2年以下13.0%, 3年-9年24.5%, 10年-19年24.5%, 20年以上38.0%, 日本では2年以下3.2%, 3年-9年20.6%, 10年-19年49.0%, 20年以上22.6%, 無回答4.6%となっており, 日本の場合には勤続10年-19年という中期勤続者が約半数を占め, これに対してチェコでは短期勤続者と長期勤続者に分かれている。チェコでは流動的な短期勤続者が日本より多い一方で, 長期定着の労働者が一定の割合を占めている。日本における短期雇用労働は主として非正規従業員(サンプル外)によって担われている。

3.2 職務範囲と階層間移動

職務項目を八つあげて, その一つ一つについて従事しているかどうかを現業労働者に問うと, その回答分布は表9-1のようになる。

現業労働者の多くが従事する職務は「機械の操作や組立」, つまり伝統的な機械労働の職務であるが, これに従事する労働者の比率はチェコの方が高い。日本では現業労働者の約半数が「保守や修理」「品質管理や検査」にも従事しているが, チェコでこれに携る者は約4分の1で, 比率でみると日本の約半分である。日本の現業労働者の30%強が「事務やデータ処理」, 20%強が「管理・監督」, 10%以上が「プログラミングやソフトウエア」「研究開発・設計」など, ホワイトカラー的な職務にも携わっているが, チェコでこれらの職務に係わっている現業労働者はほとんどいない。

要するにチェコの現業労働者の職務範囲は日本のそれに比べて限定的であり, これに対して日本の現業労働者の職務はホワイトカラー的職務をも含めて

表 9-1 従事している現業労働者の比率（サンプル中の%）

	チェコ	日本
機械の操作や組立	65.3	52.9
保守や修理	23.9	48.4
品質管理や検査	28.4	51.0
プログラミングやソフトウエア	2.8	16.8
事務やデータ処理	2.8	31.6
管理・監督	0.6	23.9
製品に関する研究開発・設計，その他エンジニアリング	2.3	13.5
工程に関する研究開発・設計，その他エンジニアリング	1.1	16.1

広範囲にわたっているといえる。それゆえ両者を比較するならば，チェコの現業労働者は単能工的，日本のそれは多能工的と特徴づけることができる。

次に現業労働者の企業内移動の特徴をみてみる。そのために，当該企業に現業労働者として就職した者が，35歳以上に達している時点で，どんな職務に従事しているかをみる。

表 9-2 から明らかなように，チェコでは現業労働者として出発した者の大多数が，35歳以上になってもそのまま現業職にとどまっている。これに対して

表 9-2 現業職に就職した労働者の現在の職務（35歳以上）（%）

	チェコ （N=112）	日本 （N=155）
現業労働者	88.4	47.7
事務系職員（含・営業）	1.8	19.4
テクニシャン	2.7	16.1
エンジニア	0.8	0.6
監督者・管理者	3.6	11.0
そ の 他	2.7	5.2
計	100.0	100.0

日本の場合，現業職にとどまっているのは半数弱で，50％以上はテクニシャンや事務・営業職，管理・監督職などに移っている。日本の調査サンプルは労働組合員に限定されているので，現業職で出発しながらのちに管理職に昇進した者はサンプルに含まれていないから，実際には非現業職への移動はもっと多いと推測される。

3.3　労働内容と職務満足

以上の観察から，チェコの現業労働者の多くは主として伝統的な機械労働に従事し，その職務範囲は限定的であり，しかも現業職で就職した者はたいてい現業労働者のまま職業的人生を送ることになる，と特徴づけられるが，だからといって彼ら自身が自分の労働生活を否定的に評価しているわけではない。労働内容を特徴づける項目を10あげて，それぞれについて自分の労働があてはまるかどうかを回答者に問い，その結果を因子分析にかけてみたところ，次のような三つの因子が浮かび上がった。

① 従属性：「自分の作業の能率は職場の他の人達の仕事ぶりで決まる」「機械に縛られている仕事だ」「自分の仕事はローテーションで行われている」「自分の仕事はどちらかといえばチーム作業である」「自分の仕事は反復的だ」
② 自律性：「自分の作業についてある程度自分で決定できる」「仕事を通して自分の能力を発揮できる」「仕事中，他の人と話す機会がある」
③ 自己実現性：「仕事を通して新しいことが学べる」「自分の仕事は仕事に関する知識の耐えざる向上が求められている」

それぞれの因子得点を示すと表 9-3 のようになる。

ここから見てとれるように，チェコの現業労働者は日本のそれよりも自分の労働を「従属的」だとは思っておらず，むしろ「自己実現的」だと思っている者が日本よりも多い。日本では「従属的」とみなしている者がチェコより多く，「自律的」とか「自己実現的」とみなしている者はチェコよりも少ない。概して日本の現業労働者よりもチェコの現業労働者の方が自分の労働内容を肯

表 9-3 労働内容の特徴（因子得点）

	チェコ	日 本
従 属 性	.025	.271
自 律 性	－.100	－.394
自己実現性	.740	.361

定的に評価している。

　また，職務満足を問うと，「仕事の面白さ」に関して満足している現業労働者の比率は，表 9-4 にみられるようにチェコの方が日本より高い。チェコでは55.7％が「満足」と答えているのに，日本ではそれは40％にすぎない。逆に「不満」と答えているのはチェコでは14.2％だが，日本では22％である。

　労働内容に対する肯定的な評価，仕事の面白さに対する満足度の高さは，上にみたようにチェコの方が高い。それを反映してか，表 9-5 にみるように，チェコの現業労働者の多くは将来も現職にとどまることを志向している。チェコの現業労働者の過半数は将来も「今の仕事にとどまりたい」と答えている。これに対して，そのような労働者は日本では約4分の1にすぎない。日本の場

表 9-4 職務満足（％）

	チェコ	日 本
満　　足	55.7	40.0
中　　間	28.4	33.5
不　　満	14.2	22.0
無 回 答	1.7	4.5
計	100.0	100.0

合は「脱現業」志向が顕著である。

　また，現在勤務中の企業にこれからもとどまりたいかと問うと，定着意思はチェコの方が強い。表 9-6 にみるように，「今の会社を辞めようと思ったこと」がないという現業労働者はチェコでは過半数を占めるが，日本では38％に

表 9-5 希望する将来の職務 (%)

	チェコ	日本
今の仕事にとどまりたい	55.1	24.5
責任のある仕事に就きたい	18.2	18.7
監督職や管理職に就きたい	6.8	1.4
自分自身の事業を始めたい	10.8	21.9
もう働きたくない	0.6	4.5
その他	7.4	24.5
無回答	1.1	4.5
計	100.0	100.0

表 9-6 定着意思 (「今の会社を辞めようと思ったこと」) (%)

	チェコ	日本
しばしば思う	18.2	21.3
時々思う	29.0	36.1
思わない	52.8	38.1
無回答	-	4.5
計	100.0	100.0

とどまる。「辞めようと思ったこと」が「しばしば」あるいは「時々」あるという者は，日本では60％近くにのぼるが，チェコでは50％弱である

　しかし日本では「今の会社を辞めようと思ったこと」があったとしても，多くは辞めずに同一企業にとどまっている。表 9-7 にみるように，日本では80％近くが当該企業で職業生活を始め，そのままその企業で働き続けている。これは長期雇用の慣行に沿っている。これに対してチェコでは，過半数が当該企業に就職する以前にどこか他の企業で働いていた。転社はチェコの方が頻繁にみられ，日本では定着性が高い。

表 9-7 同一企業への定着性（転社回数）(%)

	チェコ	日本
な　　し	46.6	78.1
1　　回	31.3	12.3
2 回 以 上	21.6	5.1
無 回 答	0.5	4.5
計	100.0	100.0

3.4　職場生活と企業に対する態度

　チェコの現業労働者を日本のそれと対比させてそれぞれの特徴を描くとすれば，チェコでは職務範囲が狭く限定されていて，現業労働者の多くは伝統的な機械労働にのみ従事し，当該企業内で最初から現在までずっと現業職のままであるが，自分の労働内容については日本の現業労働者ほど「従属性」を感じておらず，むしろ「自律性」や「自己実現性」をみとめている者，現在の職務に満足している者は日本より多く，現職のままでいたいという者も多い。最初に就職した企業に長期にわたって勤続する者は日本の方が多いが，チェコでは会社を変える者が多いけれども「現業職」から脱しようという者は少なく，勤務中の企業への定着意思は日本よりも強い。事実，表 9-8 にみるように，職場生活に対する満足度はチェコの方が強い。現在の職場生活に「満足」という者は日本では40%程度であるが，チェコでは50%を超す。

　しかし企業に対する態度はチェコと日本とで多少違いがある。表 9-9 にみるように，チェコの現業労働者の多くは「会社が私に報いてくれる程度に会社につくしたい」という功利的態度を示しているが，日本ではそれは50%に満たない。日本の場合,「会社に対してこれといった感じを持っていない」「会社についてはまったく関心がない」といった消極的態度が20%近くを占めるが，チェコではそれはごく僅かしかみられない。「会社の発展のために自分の最善を尽くしたい」という献身的態度の分布は，チェコと日本とであまり差がなく，

表 9-8　職場満足に対する満足（%）

	チェコ	日本
満　　足	52.9	40.7
中　　間	26.7	30.3
不　　満	19.9	24.5
無 回 答	0.5	4.5
計	100.0	100.0

表 9-9　企業に対する態度（%）

	チェコ	日本
献 身 的	26.7	29.7
功 利 的	65.3	45.8
消 極 的	5.7	18.7
無 回 答	2.3	5.8
計	100.0	100.0

いずれも30%弱である。

　この観察結果からみて，チェコの現業労働者が「現業職」であることにこだわりつづけるという態度には，企業との功利主義的な関わり方が絡んでいるとみられる。

　実際，チェコの現業労働者は日本のそれと比べて，現業職の同僚に対しては一体感を強く持っているが，工場の経営幹部に対しては距離感を抱いている。これは表 9-10 に示されている。この表は，現業労働者が「自分の工場の現業労働者」「自分の工場のトップ」「工場レベルの組合役員」について，これらの人達と自分の利害がどれだけ近いか遠いかを測った結果を示している。その数値は，利害が「一致している」を1点，「かなり似ている」を2点，「多少異なる面がある」を3点，「かなり異なっている」を4点，「反している」を5点として，回答数の比率にこれらの点を乗じ，その結果を100で除して算出したも

表 9-10　工場幹部・組合幹部に対する利害距離感（5点法による測定値）

	チェコ	日　本
現業労働者	1.85	2.40
工 場 幹 部	3.22	2.73
組 合 幹 部	2.40	2.83

のである。

　要するに，チェコの現業労働者が日本のそれに比べて自分の従事する職務に満足し，企業への定着意思も高いのは，工場のトップに対して一体感を持っているからではなく，むしろ現業職同士の同僚意識を基礎とした感情に支えられているとみられる。

3.5　労働組合との関係

　チェコの労働組合は社会主義時代には雇用者のほぼ100％を組織していた。日本の労働組合は，組織がある企業では非管理職の正規従業員のほぼ100％を組合員にしている。

　チェコの労働組合の基本単位は企業レベルに置かれていて，社会主義体制崩壊後は団体交渉も企業レベルで行われている。日本の場合も同様である。両者とも職工混合組織である。

　チェコの労働組合も日本の労働組合も，その事務所を企業の敷地内に持っている。チェコでは社会主義体制崩壊後も組合事務所の経費や家賃は企業が提供してきた。組合役員が経営者になることは，チェコでも見受けられる。

　チェコの組合も日本の組合も企業内福利厚生にかなり関わっている。

　チェコ（また他の旧東欧諸国）でも日本でも労働者（ホワイトカラーも含めて）の帰属意識は経営側か組合側かに分かれるよりも，経営側と組合側との両方に向かうか（二重帰属意識），両方から離反するか（二重離反意識）である。つまり経営帰属意識と組合帰属意識は共存両立している（Ishikawa & le Grand 2000）。

　チェコでは社会主義体制崩壊後も労働争議はほとんど起こっておらず，スト

ライキもたいてい警告ストの段階で終わっており，日本でもここ20余年，労働争議はめったにみられない（石川・田嶋編，1999：第10章）。チェコでも，経営者の目からみて労使関係は協力的であり，安定している。筆者らが社会主義体制崩壊後5年経った時点でチェコの190社の人事担当経営者に対して行ったアンケート調査の結果によると，経営に対する労働組合の姿勢は「協力的」が42.6％，「場合による」が42.1％で，「敵対的」はわずか2.1％であった（「その他」と無回答はあわせて13.2％）（石川（編）1999）。

電機産業労働者のデータに戻ると，表9-11が示すように，工場レベルの組合活動に対して「満足」という現業労働者はチェコでも日本でも40％前後，「不満」は17％-20％で，両国間に大差はない。

調査対象サンプルとした現業労働者の中での組合員比率は，チェコでは61.9％で，日本では100％であったが，日本の場合は非正規従業員が除外されているので，これを加えた従業員の中での組合員比率となるともっと低くなるはずだから，チェコのサンプルとの差はそう大きくならないと推測される。ただしチェコの非組合員は自分の意思で組合員にならずにいるが，日本ではたいていの場合，制度や慣行で組合の組織対象外とされている。

このようにチェコと日本とでは労働組合の特徴に類似点が多いが，チェコではここ数年，産業レベルの労働組合の機能を高め，労働条件の大枠を産業別団体交渉で決める方向にあり，この傾向はEU加盟によってさらに進展する可能性がある。

表9-11　工場レベルの組合活動に対する満足感（％）

	チェコ	日本
満　　足	38.6	41.9
中　　間	42.6	33.5
不　　満	17.1	20.0
無 回 答	1.7	4.6
計	100.0	100.0

4. 日系企業の人事労務

4.1 事例企業の概要

　ここで扱うデータはチェコで1990年代末に操業を開始した日系企業2社の事例調査から得た。調査時点は2001年7月である。この調査には上林千恵子（法政大学教授）と露木恵美子（産業技術総合研究所総研特別研究員）も参加した。

　これら2社の資本は日本にある親企業が100％握っている。調査時点で得た情報からこの2社の概要を述べておく。

　A社は西ボヘミアの工業都市に立地し、ヨーロッパ市場に向けてカラーテレビを生産している。操業を開始したのは1997年4月であるが、1998年には50万台を製造し、その翌々年の2000年には倍増して110万台になった。従業員は1998年時点で550人だったが、2000年には1,440人になっている。

　B社はモラヴィアの地方都市に立地し、やはりヨーロッパ市場向けに服地生産を行っている。操業を開始したのは1999年7月であるが、この年にすでに370万メートルの服地を生産しており、これは当初計画を70万メートルも上回っている。従業員数は2001年7月現在297人で、そのうち290人は地元から採用した。日本人は7人で、すべて部長クラス以上であるが、課長クラスは全員チェコ人である。

　これら2社が立地している地域は、いずれも工業労働と職人工芸の長い伝統がある。A社が立地する都市は19世紀から機械産業の中心地で、その熟練技能が人々の中に蓄積されている。他方B社が立地する都市には中世の昔から繊維・衣服製造の伝統がある。

　このような歴史的背景のもとで二つの地域では人々は工業労働に馴染み、専門的技能を持った熟練労働力が多数集積している。しかしここに立地した日系企業はそのような既成の労働力には頼らず、むしろ柔軟性のある未熟練者を採用して企業内でその技能を養成するという戦略で臨んだ。

4.2 管理者候補生の採用と管理者養成

　これら2社が人事労務面で最大の力を入れたのは，将来企業の中核をなすべき中間および下級管理者の育成である。管理者候補生を採用するにあたって重視したのは出来合いの専門能力や職業経歴ではなく，むしろ人柄と潜在能力である。採用された管理者候補生はその後，就職前に従事していたのとは無関係の職務に就いている。

　たとえばA社の課長クラスは，当社に就職する前には保険会社の経営者だったり，機械メーカーの設計部長だったり，不動産会社の営業マンだったりしていた人達であり，しかも彼らは大学や専門学校で経営学を学んだことなどない。彼らはA社に入ってから現場で訓練を受け，特定の課の管理者になった。その訓練の一環として，各管理者は職務にこだわらず自分の職場から10の目標を提起することを求められ，それによって管理者の創意と一般労働者のやる気を引き出し鍛えることが「レボルーション2001」というスローガンのもとで試みられている。

　B社では管理者候補生をすでに操業開始前に採用しておき，日本，イギリス，タイにある同系列の現地企業に送って3ヵ月の研修を行った。この研修を通じて彼らは職務能力を身につけるだけでなく，相互間の人間的理解を深め，それが以後の組織内でのコミュニケーションを円滑にし，集団精神を高めることになると期待されている。

　B社の場合も管理者候補生の前職はまちまちである。たとえば36歳の人事担当管理者は，もともとスポーツクラブのインストラクターだったが，やがて建設会社に就職してプロジェクトマネジャーとなり，その後そこを辞めてイギリスに渡って1年間英語の勉強をし，帰国後また建設会社に戻り，そしてしばらくしてから当社に移った。41歳の織布部門の現場監督者は，かつて椅子の布地を作る工場で働いていたが，独立して自営でビルや煙突の塗装をはじめた。そしてしばらくしてからそれを辞めて当社に就職した。

　A社の場合もB社の場合もこのような管理者候補生を採用する際，なによ

りもまず，新しい職務能力と職務知識を習得するに十分な柔軟性と可能性を持ち，しかも人格的に信頼の置ける若年者を雇用する方針をとった。つまりプロフェショナル・スキル以前にヒューマン・スキルとソーシャル・スキルの養成を重視したのであり，そこには従業員間の協力関係を発展させ，企業全体および職場全体の集団的作業成果を上げようという狙いがある。したがって就職前の経歴を問わず，企業内での職業的キャリアはゼロから出発することになる。ただし管理者候補生の採用にあたっては，一定の英語能力を備えていることが条件とされている。社内のコミュニケーションの共通言語は英語だからである。

両社とも中核従業員の企業内での養成を人事管理の基本に据えているので，いったん採用した候補生には長期にわたる勤続を期待している。B社の社長の言葉を借りれば，彼らは「会社の宝」である。この企業の場合，いま部長クラスは日本人が占めているが，採用した候補生の成長を待って，行く行くはそのポストを彼らで埋めていく方針で臨んでいる。これは人件費コストの軽減にもつながるという。

中核社員としてこれらの企業に就職したチェコ人の動機は，高賃金のほかに，雇用の安定性，新知識の獲得の可能性，日本的経営への関心などにある。就職後彼らは外部から誘いを受けることもあるが，他社に移ることなく当該企業に定着している。

4.3　現業労働者の採用と処遇

両社の人事労務戦略は，あらかじめ中間および下級管理者の人材を固めておいて，それから現業の一般労働者を集める，という行き方をとった。現業労働者を採用するにあたって経営者が重視したのは，過去の職務経験や既得の技能ではなく，職務を現場で習得していく潜在能力であった。学歴も不問である。現業労働者には英語の能力は問わないが，希望者には入社後に英会話やコンピュータ操作を学習するコースが提供される。現業の一般労働者として大卒も採用されている。したがって現業部門の知的水準は概して高い。

日本人経営者はチェコ人労働者の職務遂行に満足している。日本人経営者の眼からみてチェコ人労働者は新しい職務をかなり速く習得する。チェコ人が一般に筆算も暗算も正確で速いことはレストランや店頭での勘定の際などにしばしば観察され，また物の修理や加工の能力が高いことは，自宅の家屋やウィークエンド用の小屋を自分で建ててしまったり，自分の車の修理を自分でやってしまったりすることによく表れている。こうした諸能力がチェコ人の中に複合的に蓄積されており，それが世代間でも継承され，潜在的な多能性を備えた人材が社会的に厚い層をなしている。特にA社やB社が立地している産業集積の伝統がある地域ではそうである。両社の雇用戦略はこのようなチェコ理解に立っている。実際，たとえばA社の場合，不良品の比率は初年度2.46%だったが，これは同社系列の東南アジアや中米の現地法人の初年度の経験にくらべてかなり低いという。しかも次年度にはその比率はさらに低下して1.12%に収まっている。

　現業労働者の賃金は当該地域の他社のそれとほぼ同水準である。そのため離職の主な理由は賃金にある。しかしA社でもB社でも離職は予想したほど多くはないという。たとえばB社の場合，年間の離職者の在職者に対する割合は15%程度である。B社の現業労働者はほとんど正規従業員の形をとっている。日本では大企業における正規従業員の離職率は現業部門でもかなり低いが，パートやアルバイトや派遣労働に依存する程度が高いので，これらの形態で就業する者を加えて離職率を計算して比較すれば，チェコ立地の日系企業の離職率がとくに高いとはいえないだろう。B社が立地する地域には長い歴史を持つ同業種のチェコ企業がある。この企業とは労働者の引き抜き合戦を避けるように，紳士協定を結んでいる。

　B社を辞めた労働者の3分の1は解雇によるものである。罪悪感を抱くことなく会社の物を盗んだり私物化したりするという，社会主義時代から引き継がれた悪習が労働者の中に残っている。B社では，それが発覚したらただちに解雇することにしている。もう一つの主な解雇理由は飲酒と関係している。通勤前にアルコールを一杯引っかけてくるという習慣がいまなお残っているが，少

しでも酩酊して通勤した者はやはり解雇の対象となる。職場の秩序を乱すような態度や行動をとった者は直ちに解雇されることはなく，まずは訓告を受けるだけだが，それを再び繰り返した場合には解雇される。

欠勤率もかなり低い。B社におけるそれは5％程度だという。欠勤の主な理由は病欠である。病欠は雇用者の権利として制度的に手厚く保障されている。これも社会主義時代からの継承物である。従業員は医師の証明さえあれば病欠できる。子供の病気についても同様な扱いとなる。しかし経営者にいわせると，この制度はしばしば悪用されている。これへの対応も含めてB社では欠勤対策として出勤奨励制度を社内で定め，たとえば1ヵ月間，あるいは2ヵ月間，というように期間を設けて，その間に無欠勤だった者には報奨金を出すことにしている。近隣のチェコ企業ではそのようなことをしていないので，この社内制度は欠勤予防にかなりの効果をあげているという。

現業労働者の中にはチェコ人以外の人々もいる。A社には少数のウクライナ人が雇用されている。人事処遇の点でチェコ人と外国人との差は設けられていない。A社ではさらにロマ族（通称ジプシー）が50人ほど働いている。チェコ社会ではロマ族に対して否定的なイメージができあがっているが，A社の経験では，ロマ族労働者は職務態度でも職務成果でもチェコ人労働者となんの差もないという。A社の操業開始記念行事の際，当時の首相クラウス氏が来てテープを切ったが，そのテープの片端をチェコ人が，もう一方の片端をロマ族の労働者が握った。ロマ族従業員はこれをたいへん誇りに思い，日本人社長もそれを喜んだという。

4.4 労働組合と企業内労使関係

社会主義崩壊後，産業レベルに労働組合の組織ができても，その交渉相手たるべき使用者側の産業別組織が未発達だったため，産業レベルの団体交渉が打ち立てられず，ナショナルレベルの政労使三者協議と企業レベルの団体交渉が労使関係の基本柱となった。しかし1990年代末になると繊維産業や建設業などで使用者団体が整備されて，産業別団体交渉が行われるようになり，それによ

って産業レベルで労働協約が締結されるようになった。B社が属する繊維産業では「繊維・衣服・皮革業使用者団体」と「繊維労働組合連合」との間で労働協約が結ばれ，その協約を基本として企業レベルで労使間の交渉と協議が持たれ，各企業の特殊条件に合わせた企業内労働協約が作られる。この場合労働側を代表するのは企業レベルの労働組合であるが，2000年代に入って法制化された企業評議会（従業員代表制）が組合に代替することもある。

チェコでは労働者が3人集まって内務省に届け出れば組合を結成できる。B社では操業開始後まもなく組合が結成され，当初は120人がこれに加わった。これは主に織布製造部門の労働者を組織したが，工具部門や事務部門には組合員がいなかったので，経営側は組合が従業員総体を代表していないとして，企業評議会（従業員会のようなもの）を作り，これを企業内交渉のパートナーとし，その会費を無料にして労働者の参加を促した。その結果，1年半後には組合員は75人に減り，組合の活動は消極的になった。調査時点現在，産業レベルで締結した労働協約の企業レベルでの具体化はこの企業評議会との話し合いでなされ，賃金や労働時間・休日制度はここで決められる。福利厚生計画や文化スポーツ活動も企業評議会を通して企画され実施される。これは日本の協調的な企業内組合あるいは従業員組織（社員会など）に似ている。しかし企業評議会との交渉と協議では職場の要望や苦情を的確に処理しきれないため，現場関連の具体的な討議はむしろ職場レベルの会議で行われている。

このような経営側のアプローチに対して組合の上部団体のリーダー達は批判的であるが，一般労働者にとっては特段の違和感はないようだ。

5. 総　　括

日系企業2社の事例にみられる人事労務戦略の特徴は，まず，柔軟性を備えた若年者を候補生として採用して，長期的展望に立って企業内で管理者として育て上げること，ついで現業労働者を雇用し現場で訓練していくことであり，採用人選において特定の職務に関する既得の経験や知識の有無は問われない。

これはチェコに伝統的な既得職能重視，資格重視，学歴重視とは異なる路線であり，チェコ人が潜在的に備えている多能性を踏まえ，採用後に企業内で職能を開発していくという戦略である。配置と異動において現業労働者は管理者候補生からはっきりと区別されるが，与えられる職務と職位が限定的であることに対して，チェコ人労働者はあまり不満を持ってない。賃金は原則として年功制をとっていないが，管理者候補生に関しては特に長期勤続が期待されているため，勤続にリンクした昇給がなされている。

　長期的展望に立って企業内養成を基本としているこの人事労務戦略は，チェコ人従業員に受け入れられているようだ。日本人経営者はチェコ人のメンタリティと行動パターンをよく理解し，それを組織内で有効に活用する哲学と施策の必要性を強調する。日本人経営者にいわせると，チェコ人従業員は勤勉でまじめで器用である反面，個人主義的で自分自身の考えに固執し，他者と相談することなく自分個人で意思決定して行動し，チームワークを組んだりリーダーシップを握ったりすることに躊躇する。これは場合によっては組織内の秩序を乱しかねないが，その反面，上からの指示をただ受動的に待っている態度とは異なり，またマニュアル通り，型通りの仕事しかしないのとも異なるから，組織にとってむしろプラスに作用することも大きいといえる。

　こうした認識に基づき，チェコ人の長所を組織内で生かしつつ，チェコ人に欠けている集団心の醸成とリーダーシップ能力の開発を進めることを，日本人経営者は目指している。また，外部からの影響を受ける労働組合を避け，従業員会のような企業評議会を押し立ててそれを交渉と協議のパートナーとすることによって，企業内部で人事労務の諸問題を平和裏に処理するメカニズムを打ち立てている。それが人材養成と人材活用の内部化を傍らから支える機能を果たしている。しかしこの労使関係戦略に対してはチェコの労働組合関係者の間に批判的な声があり，彼らはこの点でむしろ組合の存在を前提としたドイツ系企業の戦略を高く評価している。

参 考 文 献

安藤喜久雄・石川晃弘(編) 1980『日本的経営の転機』有斐閣。
石川晃弘 1983『職場の中の社会主義』青木書店。
石川晃弘(編) 1999『チェコとスロバキアの労使関係―体制転換期におけるその展望―』日本労働研究機構（資料シリーズ No. 93）。
石川晃弘・田島博実(編) 1999『変わる組織と職業生活』学文社。
電機連合 2000「14カ国電機労働者の意識調査結果報告」『調査時報』第315号。
マコー・チャバ，ノヴォサート・ペーテル，本間康平，石川晃弘，白石利政 1992「火力発電所の労働と組織－日本・ハンガリー・チェコの比較調査－」『労働調査』8月号。
Ishikawa, A., 2000, "Industrial Relations in a Changing Environment : Czech-Japan-Korea Comparative Perspectives", in : *Labour, Industrial Relations and Social Bargaining*, Prague : Výzkumný ústav práce a sociálních věcí.
Ishikawa, A., and Le Grand, C., 2000, "Workers' Identity with the Management and/or the Trade Union", in : Ishikawa, A., Martin, R., Morawski, W. and Rus, V.(eds.), *Workers, Firms and Unions : Part II － The Development of Dual Commitment*, Frankfurt : Peter Lang.
OECD, 1977, *The Development of Industrial Relations Systems : Some Implications of Japanese Experience*, Tokyo : Japan Institute of Labour (Japanese Edition).

執筆者紹介 (執筆順)

石川　晃弘		中央大学文学部教授（はしがき，第1章，第9章）
ヤロスラフ・クックス Jaroslav Kux		チェコ共和国労働厚生研究所前研究顧問（第2章）
オト・セドラーチェク Oto Sedláček		チェコ共和国労働厚生研究所前所長（第3章）
パヴェル・クハーシュ Pavel Kuchář		カレル大学社会科学部講師（第4章）
イジー・ブリアーネク Jiří Buriánek		カレル大学哲学部社会学科助教授（第5章）
リヒャルド・ルージチカ Richard Růžička		カレル大学哲学部社会学科講師（第6章）
川崎　嘉元		中央大学文学部教授（第7章）
ズデナ・マンスフェルドヴァー Zdena Mansfeldová		チェコ共和国科学アカデミー付属社会学研究所副所長(チェコ側代表者)(第8章)

訳者紹介

石川　晃弘		中央大学文学部教授（第2－6章, 8章）

編著者紹介

石 川 晃 弘（いしかわ・あきひろ）

1938年生まれ。東京大学文学部社会学科卒業，同大学大学院社会学研究科修士課程修了，東京都立大学人文学部助手をへて，現在，中央大学文学部教授。社会学博士。

日本および中欧諸国で企業と労働の社会学的調査研究に従事。単著『マルクス主義社会学―ソ連と東欧における社会学の展開』（紀伊国屋書店，1969年），『社会変動と労働者意識―戦後日本におけるその変容過程―』（日本労働協会，1975年），『くらしのなかの社会主義―チェコスロヴァキアの市民生活―』（青木書店，1977年），『職場のなかの社会主義―東欧社会主義の模索と挑戦』（青木書店，1983年），『東ヨーロッパ―人と文化と社会―』（有斐閣，1992年）ほか。

体制移行期チェコの雇用と労働

中央大学社会科学研究所研究叢書13

2004年11月10日　発行

編　者　石　川　晃　弘
発行者　中央大学出版部
　　　　代表者　辰　川　弘　敬

192-0393　東京都八王子市東中野742-1
発行所　中央大学出版部
電話 0426(74)2351　FAX 0426(74)2354

Ⓒ2004　石川晃弘　　　　　　　　　　　　藤原印刷㈱

ISBN4-8057-1313-5

中央大学社会科学研究所研究叢書

1 中央大学社会科学研究所編
自主管理の構造分析
－ユーゴスラヴィアの事例研究－
Ａ５判328頁・定価2940円

80年代のユーゴの事例を通して，これまで解析のメスが入らなかった農業・大学・地域社会にも踏み込んだ最新の国際的な学際的事例研究である。

2 中央大学社会科学研究所編
現代国家の理論と現実
Ａ５判464頁・定価4515円

激動のさなかにある現代国家について，理論的・思想史的フレームワークを拡大して，既存の狭い領域を超える意欲的で大胆な問題提起を含む共同研究の集大成。

3 中央大学社会科学研究所編
地域社会の構造と変容
－多摩地域の総合研究－
Ａ５判462頁・定価5145円

経済・社会・政治・行財政・文化等の各分野の専門研究者が協力し合い，多摩地域の複合的な諸相を総合的に捉え，その特性に根差した学問を展開。

4 中央大学社会科学研究所編
革命思想の系譜学
－宗教・政治・モラリティ－
Ａ５判380頁・定価3990円

18世紀のルソーから現代のサルトルまで，西欧とロシアの革命思想を宗教・政治・モラリティに焦点をあてて雄弁に語る。

5 高柳先男編著
ヨーロッパ統合と日欧関係
－国際共同研究Ⅰ－
Ａ５判504頁・定価5250円

ＥＵ統合にともなう欧州諸国の政治・経済・社会面での構造変動が日欧関係へもたらす影響を，各国研究者の共同研究により学際的な視点から総合的に解明。

6 高柳先男編著
ヨーロッパ新秩序と民族問題
－国際共同研究Ⅱ－
Ａ５判496頁・定価5250円

冷戦の終了とＥＵ統合にともなう欧州諸国の新秩序形成の動きを，民族問題に焦点をあて各国研究者の共同研究により学際的な視点から総合的に解明。

坂本正弘・滝田賢治編著

7 現代アメリカ外交の研究

A5判264頁・定価3045円

冷戦終結後のアメリカ外交に焦点を当て，21世紀，アメリカはパクス・アメリカーナⅡを享受できるのか，それとも「黄金の帝国」になっていくのかを多面的に検討。

鶴田満彦・渡辺俊彦編著

8 グローバル化のなかの現代国家

A5判316頁・定価3675円

情報や金融におけるグローバル化が現代国家の社会システムに矛盾や軋轢を生じさせている。諸分野の専門家が変容を遂げようとする現代国家像の核心に迫る。

林　茂樹編著

9 日本の地方ＣＡＴＶ

A5判256頁・定価3045円
〈品切〉

自主製作番組を核として地域住民の連帯やコミュニティ意識の醸成さらには地域の活性化に結び付けている地域情報化の実態を地方のCATVシステムを通して実証的に解明。

池庄司敬信編

10 体制擁護と変革の思想

A5判520頁・定価6090円

A.スミス，E.バーク，J.S.ミル，J.J.ルソー，P.J.プルードン，Φ.N.チュッチェフ，安藤昌益，中江兆民，梯明秀，P.ゴベッティなどの思想と体制との関わりを究明。

園田茂人編著

11 現代中国の階層変動

A5判216頁・定価2625円

改革・開放後の中国社会の変貌を，中間層，階層移動，階層意識などのキーワードから読み解く試み。大規模サンプル調査をもとにした，本格的な中国階層研究の誕生。

早川善治郎編著

12 現代社会理論とメディアの諸相

A5判448頁・定価5250円

21世紀の社会学の課題を明らかにし，文化とコミュニケーション関係を解明し，さらに日本の各種メディアの現状を分析する。

定価は消費税5％を含みます。